MAX KRUSE **Don Blech und der glutrote Vogel**

Dieses Buch gehört
Martin Hink
Stenkampberg 31
2304 Laboe
Tel. 04343/302

MAX KRUSE

Don Blech und der glutrote Vogel

Mit Bildern von Horst Lemke

HOCH-VERLAG · DÜSSELDORF

ISBN 3-7779-0114-8
1. — 10. Tausend

Druck: Hub. Hoch, Düsseldorf

Allah, ich danke dir

Ein führerloses und menschenleeres Segelschiff trieb auf dem Meer. Seefalter hieß es. Unter seinem Mast war ein Haufen Messingblech aufgestapelt, Rollen und Büchsen vor allem. Vor nicht allzulanger Zeit waren sie noch ein hohler Junker und ein ebenso hohles Pferd gewesen: Rüstungen ohne Inhalt und trotzdem höchst lebendig. Jetzt waren sie auseinandergenommen und tot.

Die Teile blitzten in der Sonne - meilenweit über die See.

Ein solches Schiff kann nicht lange unentdeckt bleiben.

Zwar gab der Blechhaufen keinen Laut von sich, nur der Wind summte in den Röhren. Aber gerade deswegen mußte er die Aufmerksamkeit auf sich ziehen. Denn Fischer, Seeleute und Vögel interessieren sich natürlich viel weniger für ein Boot mit der üblichen Besatzung als für einen Kahn, der offenbar niemandem gehört - und der eine so verlockende Fracht mit sich führt.

Mit sich führt? Wohin?

Nun, mit dem Wind eben. Mit dem Wind, der Meeresströmung und den Wellen. Zwar war das Segel des Seefalters nicht aufgezogen, zwar stand niemand am Steuerruder, und doch machte das Schiff gute Fahrt. Auf dem weiten Ozean bleibt nichts lange auf ein und derselben Stelle.

Wo wird es stranden, wo ankommen, von wem wird es aufgebracht werden?

Eigentlich gehörte der Seefalter ja Don Blech. Mit ihm waren er und sein Sohn Donito, waren der Stier Schmuser und der Vogel Tura zur Didnikinsel gekommen. Sie wollten den goldenen Junker - genannt Junker Hohlkopf - und sein Roß Scheppertonne ein-

fangen. Denn Junker Hohlkopf ritt durch die Welt und machte sie unsicher.
Don Blech war sein Vorhaben auch gelungen. – In viele Einzelteile hatte er Pferd und Reiter zerlegt. Leider aber spielte ihm das drollige, naschhafte und nicht sehr gescheite Seeungeheuer Nassi den unüberlegten Streich, das Segelschiff mit den leblosen Einzelteilen der beiden gefährlichen Geschöpfe ins Meer hinauszuschubsen.
Ja – doch das ist eine andere Geschichte. Sie wird hier nur noch einmal erwähnt, weil ja schließlich nicht jeder wissen kann, was für eine seltsame Bewandtnis es mit Junker Hohlkopf und Scheppertonne hatte.
Vor allen Dingen wußte dies Kürüküfüzük nicht. Dieser Mann mit dem lustigen Namen war früher einmal ein geschickter Goldschmied gewesen, aber auch ein Seefahrer und Abenteurer. Nach einem langen und wilden Leben hatte er sich an eine einsame Küste zurückgezogen. Hier war weit und breit kein Haus, kein Dorf und keine Stadt. Hier wollte Kürüküfüzük seine Tage in beschaulicher Betrachtung beschließen. Er war von vielem enttäuscht. Hier ärgerte ihn niemand. Hier war er sein eigener Herr.
Um zu leben, brauchte er nur Fische und Früchte. Manchmal gab eine kleine Piraterie seinem Dasein eine zusätzliche Würze. Harmlose Gaunereien – das fand er immer noch – verschönern das Leben. So stahl er einmal mitten in der Nacht von einem vorbeitreibenden Seeräuberschiff ein Faß Rum, als die Pira-

ten selig schnarchten und an nichts Böses dachten. Sie träumten nur vom nächsten Raubzug und von den abgeschlagenen Köpfen der törichten Kaufleute. Als sie dann am nächsten Morgen aufwachten, fehlte ihr Rum – und sie selbst waren schon meilenweit von der Stelle entfernt, wo Kürüküfüzük leise mit seinem Ruderboot an ihrer Bordwand angelegt hatte. Da nützte ihnen die ganze schöne Wut im Bauch nichts mehr. Kürüküfüzük hatte viele prächtige Abende und Nächte: Rum-Nächte, in denen er mit sich selbst zweistimmig sang und sich den Bart zu einem Zopf flocht. Bis zu den Füßen reicht er, der Zopf-Bart! Kürüküfüzük war ein Türke, man erkennt das schon an seinem Namen. Viele Türken haben ungeheuer zahlreiche Üs in ihren Namen und in ihrer Sprache.
Als nun Kürüküfüzük den einsamen Seefalter so still auf die Küste des einsamen Landes treiben sah, rannte er zum Strand, formte die Hände vor dem Mund zu einem Trichter und rief laut: „Oh ... hoho ... hallo ... gut Freund ... wer da?"
Aber – beim Schnurrbart des Kometen! – es antwortete ihm niemand. Keine Stimme, kein Laut. (Wie jeder weiß, heißt der Fluch eigentlich „beim Barte des Propheten" – doch Kürüküfüzük war ein vorsichtiger Mann und wollte es mit dem Propheten nicht verderben. Vor einem Kometen fürchtete er sich weniger.)
Als er auch nach mehrmaligem Rufen ohne Antwort blieb, band er sich den Bart hoch, damit er nicht darüber stolperte; machte sein Ruderboot los, schob es ins Wasser, und ruderte möglichst geräuschlos

näher. Vielleicht schlief wieder jemand an Bord? Der erbeutete Rum war nämlich bald alle.
Da traf ein Strahlenbündel seine Augen. Er kniff sie zusammen. Er schützte sie mit der Hand. „Auf der Stelle werde ich blind”, murmelte er, „wenn dies nicht ein Goldgräberschiff ist - oder der Kahn eines Schmuckhändlers! Habe ich schon jemals einen so großen Goldhaufen gesehen? Nein, niemals! Der Goldgräber muß leichtsinnig geworden sein vor Glück und Reichtum. Entweder ist er über Bord getaumelt, oder er schläft sich unter Deck seinen Rausch aus. Möge er nie wieder aufwachen. Seine Seele ruhe in Frieden. Ich sehe goldenen Zeiten entgegen . . . ich werde in die Welt zurückkehren und aus vollen Zügen genießen!”
Nun stieß sein Ruderboot an die Bordwand des Seefalters. Holz rumpelte auf Holz. Kürüküfüzük erschrak. Sein Herz - ach, es war nicht mehr das beste! - setzte aus. Doch dann schlug es wieder. War der Goldgräber nun aufgewacht? Kürüküfüzük lauschte. Er atmete kaum. Doch alles blieb ruhig. Nichts rührte sich.
„Beim Schnurrbart des Kometen, entweder man schläft, oder man ist tot!” murmelte Kürüküfüzük in seinen geflochtenen Bart. „Ich werde an Bord gehen - und vorsichtshalber meine Hilfe anbieten.”
So dachte er, und das machte er. Er warf sein Tau an Bord des Seefalters, kletterte hinterher und band sein Ruderboot fest. Dann strich er sich den Kaftan glatt, ordnete seine zerzausten Haare, schaute begehr-

lich nach dem funkelnden Haufen und räusperte sich. Als immer noch keine Antwort kam, rief er laut: „Keine Sorge! - Der Retter naht, ein guter Freund!" Dabei ließ er kein Auge von dem, was er für Gold hielt. Und da er früher einmal Goldschmied gewesen war, sah er gleich, daß die Stücke hohl waren. Er dachte, es seien vermutlich Ringe, Spangen und Armreifen - oder anderer Schmuck, wie ihn hochgestellte Damen so lieben. Gern hätte er ihn gleich ganz genau untersucht - doch sah er sich vorsichtshalber zuerst an Bord um, wanderte vom Bug zum Heck - (in der Sprache der Landratten: von vorne nach hinten) - schaute unter die Taurollen und unter das zusammengeknüllte Segel. Und schließlich, um ganz sicherzugehen, kletterte er in den Bauch des Schiffes hinab, wobei er dachte: einem starken Mann werde ich meinen Beistand anbieten, einen schwachen gnädig ins Jenseits befördern.

Im Laufe seines wilden Lebens hatte er so seine eigene Moral entwickelt.

Er brauchte aber keines von beidem zu tun. Und darüber war Kürüküfüzük sehr froh, weil dadurch alles so einfach wurde.

Kein Zweifel, das Segelschiff war leer! Nicht einmal eine Ratte bemerkte er. Da stolperte er die Treppe wieder empor, fiel im Licht der klaren Sonne auf die Knie, starrte den goldenen Blechhaufen begehrlich an, reckte die gefalteten Hände gen Himmel und rief: „O Allah, ich danke dir! Du hast mir dieses herrenlose Schiff mit allem, was es geladen hat, gnädig geschenkt!

Nun gehört es rechtmäßig mir, weil ich es aus Seenot rette und an Land bringe. O wie weise ist doch das Gesetz der Seefahrer! Jetzt bin ich reich geworden und doch weder ein Räuber noch ein Mörder, sondern ein ehrlicher Mensch!"

Und rasch, damit ihm niemand seine Beute entriß, sprang er in sein Ruderboot und legte sich mächtig in die Riemen. Der Seefalter schaukelte am Tau hinterher.

So schleppte er seinen Fang an Land, wenn auch nicht zu seinem Glück.

Ende einer Feier

Lange vor Kürüküfüzüks glücklichem Tag näherte sich auf der Didnikinsel ein rauschendes Fest seinem Ende.

Der gute Don Blech war gefeiert worden wie ein Held – und gerade ein Held wollte er doch nicht mehr sein, der friedliche Schmetterlingsfreund!

Außerdem zwickten und zwackten ihn böse Vorahnungen: was nützte es schon, daß er den grausamen, arglistigen Junker Hohlkopf und sein Roß Scheppertonne besiegt, zu Boden geworfen und auseinandergenommen hatte, wenn die Einzelteile nun auf dem Ozean dahintrieben, einem unbekannten Ziele zu. Seine blaue Schärpe über dem rundlichen Bauch hatte sich gelockert, seine Pumphose leuchtete rot, seine weiße Bluse war verrutscht – aber sein Schnurrbart

stand lustig wie immer in die Höhe. Nur auf seiner Stirn bildeten sich Sorgenfalten. Er stützte sich mit den Fäusten auf die Holztafel im Didnikkrug und bat ums Wort. „Meine Freunde," rief er, als alle schwiegen, „meine Lieben, nun müssen wir euch verlassen. Es war ein wundervolles Fest. Ich werde es nie vergessen. Und ich wäre gern noch länger bei euch geblieben. Aber da unsere nette Freundin Nassi, das reizendste Seeungeheuer, das ich je kennengelernt habe, uns allen einen Streich gespielt hat und dem Seefalter mit den Einzelteilen Junker Hohlkopfs einen kräftigen Schubs gab . . ."
„Ja, weil ich die versprochenen Honigbonbons nicht bekam!" rechtfertigte sich das gutmütige Ungetüm aus dem Loch Nass. Dabei sah sie allerliebst aus, mit ihren zerstruwwelten Haaren. Sie blies einen Kaugummi zu einem Luftballon auf und ließ ihn zerplatzen.
„Du hast doch Kaugummis bekommen - man sieht es ja!" rief der Hadnik erbost. Er hatte ein schlechtes Gewissen, denn er war es gewesen, der die versprochenen Honigbonbons nicht geliefert hatte. Und Nassi fauchte ihn daher auch sofort an: „Sei still, du falscher Versprecher!"
Don Blech fuchtelte mit den Händen. „Ich bitte um Ruhe! Was passiert ist, ist geschehen. Wir aber müssen den Seefalter wiederfinden, denn ehe der Blechkönig nicht in einer dicken Truhe in meinem Keller liegt und ich das Schloß davor abgeschlossen habe, werde ich nicht froh. Wer weiß, wie bald ihn jemand findet und ahnungslos wieder zusammensetzt!"

Jetzt krächzte Tura, der märchenhaft schöne Vogel dazwischen: „Du weißt ja, daß ich nie etwas davon gehalten habe, daß du die zwei Figuren aus deinen alten Rüstungen geschmiedet hast. Und seltsam genug war es, daß Roß und Reiter zum Dasein erwachten, in jener Nacht der Mondfinsternis. Aber nun ist vielleicht jeder Lebensfunke verglüht - auch einen Toten vermag niemand wieder zu erwecken!"
„Bravo, bravo!" riefen alle Didniks, die Don Blech zu gern bei sich behalten hätten. Doch dieser seufzte. „Dafür kann mir niemand garantieren."
Sein Sohn Donito mit den blonden Haaren, die aussahen wie ein Goldhelm, verstand den Vater. Er setzte die kleine Trompete an die Lippen, schmetterte einen Tusch und sagte: „Auf denn - worauf warten wir noch?"
Mißmutig lugte der Stier Schmuser unter dem Tisch hervor, unter den er sich verkrochen hatte. Mit Grausen erinnerte er sich an das schwankende Segelboot, an seine Seekrankheit. „Ich will hierbleiben", murrte er, „bei den netten Didniks, auf dieser fruchtbaren Insel. Hier ist das Gras grün und saftig, die Didniks sind zärtlich und gutherzig, sie streicheln mich - hier ist mein Paradies!"
„Aber wir brauchen dich!" sagte Don Blech.
Der weißhaarige Adnik, von allen geschätzt als Gelehrter der Menschenkunde, hatte eine Weile gegrübelt. Nun fragte er: „Was ich immer schon wissen wollte: wie ist der goldene Junker eigentlich auf die Welt gekommen? Wer ist seine Mutter?" Er kratzte sich.

„Eine Mutter hat er nicht!" murmelte Don Blech. „Vielleicht ist das sein Unglück! – Wenn man so will, bin ich sein Vater. Aus meiner alten Rüstung machte ich ihn und sein Pferd, aus Blecheimern und Scharnieren. Als Standbild sollten die beiden in meinem Garten unter dem Holunderbusch stehen. Ja – und dann wollte ich sie taufen. Es war in einer Nacht, in der sich der Mond verfinsterte. Ich sagte einiges Unfreundliche zu ihnen – womit ich aber eigentlich mich meinte. Doch plötzlich blitzte es und der goldene Junker beschimpfte mich und schwor, in meinem Namen die Welt zu erobern, zu rauben, zu morden und zu brandschatzen. Und gleich darauf verschwand er in der Finsternis. Wir folgten ihm – das andere wißt ihr. Bei euch fanden wir ihn – und nun ist er wieder weg!"
„Aber als Blechhaufen!" tröstete ihn Nassi.
„Viel Seltsames habe ich schon erfahren!" sagte der Adnik. „Wunderbares steht in den Büchern. Ich habe von einem Paradiesvogel gehört, der in einen grausamen Raubvogel verwandelt wurde und nun auf seine Erlösung hofft. Ich las von einem kleinwüchsigen Volk, dessen Leibspeise Gurken sind, so daß Männlein und Weiblein den Gurken ähnlich wurden. Es gibt verzauberte Prinzessinnen, die in jahrhundertelangen Schlaf verfallen, es gibt Riesen, Zauberer und Geister in der Flasche – aber eine wandelnde Rüstung war mir unbekannt."
„Man lernt eben nie aus!" sagte der Hadnik schnippisch. Er war der Wirt des Didnikkruges und der

Führer der Verschwörung gegen den Blechkönig gewesen. So manches, was der Adnik damals über die Menschen berichtete, hatte sich als falsch erwiesen. Das vergaß er dem zartsinnigen Alten nie. Und wie, um alle zu übertrumpfen, verkündete er: „Ich begleite Don Blech!"
Da riefen die Didniks im Chor: „Oh, halt die Luft an!" Und sogleich schwebten sie an die Decke, wie es ihre Eigenart war.

König Wididniks Drache

Erfreut drückte Don Blech dem Hadnik die Hand. Der Wirt des Didnikkruges hatte ihm schon immer gefallen. Und seine Fähigkeit des Fliepfens (wie man das Fliege-Hüpfen nannte) konnte ihm sicher bei der Verfolgung des goldenen Junkers nützlich sein.
Aber nun geschah etwas noch viel Erstaunlicheres. Nassi blies sich mächtig auf. Und wenn sie auch nicht in die Luft ging, so verkündete sie doch: „Was der Hadnik kann, kann ich auch! Jawohl! Ich komme ebenfalls mit. Es tut mir sehr gut, wenn ich einmal die Nase in die Welt hinausstrecke!" In Wirklichkeit wollte sie vor allem ihren Fehler wiedergutmachen.
Nun freute sich Don Blech noch mehr. Mit solcher Hilfe mußte es ja ein leichtes sein, das führerlose Segelboot zu finden. Und dann konnte er vielleicht schon bald mit Donito, Schmuser und Tura heimfah-

ren, heim nach Burugel, ins Land Nekaragien, heim zu den köstlichen Suppentöpfen des treuen Knofus Knofonius.

Jedoch – wie rasch erweist sich oft die schönste Hoffnung als trügerisch. Diesmal war es Donito, der dem Vater Wasser in den Wein goß – sinnbildlich natürlich.

„Alles schön und gut!" rief er. „Aber wie kommen wir weg? Da wir uns auf einer Insel befinden und ringsherum nur Wasser ist und unser Schiff schon davonsegelte ..."

„Ach, wie dumm! Wie konnte ich das nur vergessen?" klagte Don Blech. Er plumpste auf den Boden – da saß er nun mit gespreizten Beinen. „So hübsch sie sind – so unpraktisch können Inseln sein, wenn man kein Boot hat!"

Grübelnd schaute der alte Adnik auf seine Fußspitzen. Er dachte nach. Er suchte sich an etwas zu erinnern. Und dann rief er: „Freunde, faßt Mut! – Ihr wißt ja, daß ich früher in der Burg des Wikingerkönigs Wididnik gewohnt habe. Jetzt soll sie unser Museum werden, aber das ist eine andere Sache. In dieser Burg las ich natürlich auch alte Chroniken und Berichte ... wie – meint ihr wohl – sind die Wikinger auf unsere Insel gekommen?"

Gespanntes Schweigen bewies, daß alle ihm aufmerksam lauschten. Don Blech hing geradezu an seinen Lippen. Der Adnik fuhr fort: „In einem Schiff natürlich! Es hieß König Wididniks Drache und ist – da es leck geworden war – in der Bucht versunken. Das war der eigentliche Grund dafür, daß die Wikinger sich

hier ansiedelten. Später haben sie sich dann ein neues Schiff gebaut.” Triumphierend blickte der Adnik von einem zum anderen! Wie gelehrt er doch war!
Don Blech sprang auf: „Du meinst also, dieses Schiff liegt noch versunken in der Bucht? Aber in mehr als einem Jahrtausend muß es doch verfault sein!”
Der Adnik schüttelte den Kopf. „Verfault ist es nur, wenn Luft herankam. Ich glaube aber, das geschah nicht, denn unsere Bucht ist ungeheuer schlammig!”
„Besten Dank!” krächzte Tura. „Auf ein Schlammschiff verzichten wir lieber!”
Und Schmuser stimmte ihm zu: „So ein morscher Kahn ist viel zu unsicher. Schon der Seefalter war nicht gerade solide, milde ausgedrückt.”
Don Blech aber war Feuer und Flamme: „Vielleicht ist das Holz inzwischen steinhart geworden, hart wie Stahl? Wir wollen nach dem Schiff suchen! Aber wie sollen wir es heben, falls wir es finden?”
„Wozu nennen wir ein Seeungeheuer mit gewaltigen Kräften unsere Freundin?” sagte der Hadnik. „Vor allen Dingen eines, das etwas gutzumachen hat!”
„Mit dir rede ich nicht!” maulte Nassi.
„Auch nicht für einen Kaugummi?” fragte Donito.
„Den kriege ich sowieso! Aber dir zuliebe tu’ ich’s! Vielleicht finde ich in dem Wikingerschiff noch einen hübschen Stuhl oder ein Spitzendeckchen für meine Wohnung ...”
Sie watschelte schwerfällig zur Tür, zwängte sich hindurch – und alle, alle folgten ihr. Man trabte, lief, flog oder fliepfte, fliege-hüpfte um die Wette.

In der Bucht stand einsam und verlassen der Tonnenwagen, mit dem Don Blech die Reise angetreten hatte. Rasch stärkte er sich mit einem Schluck Rotwein, Spätnekaragier, Wachstum Schloß Firifalo.
Und dann warteten sie. Der Stier lagerte am Ufer. Die Didniks hockten auf der Wölbung der großen Tonne, auf den Rädern, auf der Deichsel, auch auf Schmusers Rücken.
Nassi aber tappte anmutig ins Wasser. Es schmeichelte ihr, die Hauptperson zu sein, auf der aller Augen ruhten. Lässig und elegant wackelte sie mit dem, was man als ihre Hüfte bezeichnen konnte. Je tiefer sie aber ins Wasser kam, desto leichter wurden ihre Bewegungen. Bis sie untertauchte.
Und dann blieb sie sehr lange verschwunden. Mal blubberten hier, mal dort Luftblasen empor. Dann verfärbte sich die ursprünglich einmal klarblaue Oberfläche sumpfig braun - ein sicheres Zeichen dafür, daß sie im Grund herumwühlte.
„Nassi matzt!" meinte der Hadnik leicht verärgert. Wahrscheinlich dachte er, daß sie wie alle Kinder begeistert im Schlamm spielte. Doch nach zwei oder drei Stunden tauchte sie plötzlich auf. Ihr wirres Haar war noch wirrer und verklebt, eine braune Brühe floß über ihren Kopf, und schmierige Algengewächse hingen an ihr wie köstliche Perlenketten. Sie jubilierte, ja, sie zwitscherte wie ein Vögelein: „Ich habe es gefunden!"
Don Blech verschluckte sich vor Aufregung fast an dem Wein, den er gerade genüßlich schlürfte.

Nassi jauchzte: „Es ist aber tief im Schlamm und voller Tang, und ich habe mindestens drei Tage lang zu schrubben."

„Kannst du es denn heben?" fragte Don Blech besorgt.

„Alleine nicht!" antwortete sie. „Aber wenn ich ganz viele Taue dranbinde und jeder Didnik eines in die Hand nimmt und alle auf Kommando im gleichen Augenblick die Luft anhalten und ich mich gleichzeitig von unten dagegenstemme, dann . . ."

„Famos!" rief Don Blech. Ihm leuchtete das Verfahren sofort ein. Und auch den Didniks machte es großes

Vergnügen. Sie fliepften nach Hause und kamen mit Tauen, Bindfäden und Stoffstreifen zurück. Nassi nahm sie und befestigte sie unter Wasser am Schiff. Das dauerte natürlich lange. Denn sie fand nicht überall gleich einen geeigneten Platz. Und einmal kam sie böse wieder und rief: „Welcher Blödmann hat gedacht, man könnte ein Schiff mit einem Schnürbändel heben?" Sie warf den Schnürsenkel weg, tauchte wieder unter und arbeitete ungeheuer. Wasserfontänen stiegen auf - dann wurde ihr Rücken sichtbar, dann wieder ein Bein - es war, als ob ein Sturm im Meer wütete oder als ob eine Herde Wale tobte. Aber schließlich hatte sie alle Taue und Schnüre festgemacht. Sie tauchte auf und hielt einen dicken Strang mit den Enden wie einen Blumenstrauß in die Luft. Dann fliepften die Didniks zu ihr hin, jeder nahm ein Ende in die Hand, Nassi verschwand wieder, der Hadnik gab das Kommando: „Schiff hebt! - hebt!! - hebt!!!" Und alle hielten die Luft an. Es sah beängstigend aus: als ob sie dicht vor dem Platzen wären . . .

Aber sie stiegen langsam empor. Und mit ihnen das Schiff. Der geschwungene Stevenbart tauchte auf, wie ihn so viele Wikingerschiffe haben, vorne und hinten, und dann die Planken - und Don Blech konnte sogar die Aufschrift entziffern, den Namen des Seglers: König Wididniks Drache!

Da riefen die Didniks Hurra! und atmeten aus und purzelten ins Wasser. Aber nun schadete es nichts mehr. Die Arbeit war getan.

Ausfahrt und Traum

Alle waren begeistert. Der Adnik fuchtelte mit den kurzen Ärmchen herum. Er rief: „Ein historisches Ereignis! Das Schiff muß in unser Museum!"
„Aber mein Lieber – " Don Blech wunderte sich, „König Wididniks Drache wurde doch für uns gehoben, damit wir Junker Hohlkopf suchen können oder nicht?"
„Richtig, richtig - aber später bekommen wir es wieder, das Schiff!"
Das versprach Don Blech. Er beachtete das bedenkliche Brummen des Stieres Schmuser nicht, der meinte: „Wenn es ein ‚Später' gibt - ich meine, wenn wir nicht Schiffbruch erleiden!"
Nun war das Seefahrzeug zwar gehoben, aber noch lange nicht verwendbar. Don Blech mußte sich in Geduld üben. Es vergingen kostbare Tage, bis es gereinigt und startklar war. Selbst fliepfende Didniks können nicht zaubern. Zwar sparen sie viel Zeit, weil sie nicht Schritt für Schritt zu laufen brauchen. Sie müssen auch nicht durchs Wasser waten, und schwimmen müssen sie auch nicht. Mit Eimern, Schrubbern und Scheuerlappen, mit Holzbrettern, Hämmern, Zangen, Nägeln und Sägen schwirrten sie emsig hin und her - angeleitet vom Adnik, der aus seiner früheren Burgbibliothek, die Junker Hohlkopf in den Graben geworfen hatte, eine Zeichnung des Wikingerschiffes hervorzauberte. Sie ermöglichte die getreue Wiederherstellung von König Wididniks Drachen.

Das Wikingerschiff ward gesäubert, von Tang und Algen befreit, ein Mast wurde aufgerichtet, schadhafte Planken wurden ausgebessert, Bänke eingezogen - und zum Schluß opferten die Hausfrauen großherzig viele Bettlaken. Sie nähten sie in Nachtarbeit zu einem großen Segel zusammen. Es wurde ein buntkariertes Segel, denn die Didniks liebten knallbunte Bettwäsche, vor allem rot, grün, blau und gelb. Es sah ganz fabelhaft aus - besonders, als auch noch das ganze Schiff neu gestrichen und der Name mit goldenen Buchstaben erneuert worden war.
Wie eine lodernde Flamme stand das Segel über König Wididniks Drachen. Oder wie ein vielfarbiger Schmetterlingsflügel - fand Don Blech.
Und dann kam der große Tag. Don Blech und die Seinen verließen die Insel. Den wunderbaren Tonnenwagen ließ er zurück, der Platz im Boot reichte nicht aus - der Adnik behielt ihn als Pfand für die Rückgabe des Wikingerschiffes. Aber natürlich nahm Don Blech die notwendige Ausrüstung mit, vor allem seine und Donitos Rüstungen, Schild und Schwert, Wasser, Proviant - und nicht zuletzt den köstlichen Rotwein, Spätnekaragier, Wachstum Schloß Firifalo.
An Bord tummelte sich eine sehr verschiedenartige Besatzung. Don Blech führte das Ruder, er steuerte das Schiff. Donito schmetterte den Auszugsmarsch. Der Stier Schmuser lag unter dem Mast und verbarg den Kopf unter seinen Vorderbeinen - er mochte das Wasser nicht sehen. Hoch oben, über dem bunten Segel, saß Tura auf der Mastspitze - der märchenhaft

schöne Riesenturako aus der Familie der Kuckucksvögel. Er wirkte dort wie das Pünktchen auf dem i. Der Hadnik stand auf einer Bank. Er winkte zurück zur Insel. Und Nassi tummelte sich im Wasser, sie machte mehr Wellen als notwendig, fand Schmuser, denn es schaukelte sehr.

Aber alles in allem war es doch eine sehr gelungene Ausfahrt. Die daheimbleibenden Didniks verliehen ihr die rechte Weihe, indem sie die Didnikhymne grölten:

„O Didnikland, o Inselreich,
kein andres kommt, ja kommt dir gleich.
In dieser Welt voll Plunder
Bist du ein wahres Wunder!"

Später fliepften noch einige neben König Wididniks Drachen her, so lange sie eben die Luft anzuhalten vermochten.

Dann blieben sie zurück.

Und Könik Wididniks Drache segelte allein hinaus, in die erhabene Einsamkeit des Weltmeeres.

Nur allzubald war man rings vom Wasser umgeben. Wasser . . . Wasser . . . Wasser . . .

So sehr Tura seine Augen auch anstrengte, er sah nirgends den Seefalter mit dem goldenen Junker. Nassi wurde von Stunde zu Stunde, von Tag zu Tag kleinlauter. Sie, die bisher immer nur im Loch Nass gewohnt hatte, in der Nähe ihrer hübschen Behausung, sie hatte nie geahnt, daß das Meer so groß sein konnte. Und dahinein hatte sie das olle Segelboot mit dem Blechhaufen geschubst . . .

Don Blech aber segelte. Er segelte Tag und Nacht. Wenn er schlief, band er sich das Steuerruder mit der Schärpe an den Bauch, damit es nicht willkürlich hin- und herschlug.
Im Schlaf träumte er von Schmetterlingen. Nur einmal kam ihm ein Vogel dazwischen. Es war eine schöne Nacht, die Wellen waren klein und schmatzten leise unter dem Rumpf, die Sterne standen golden und klar am Himmel, kein Wölkchen war zu sehen, an Bord war alles ruhig – und Don Blech schnarchte.

Da erschien ihm plötzlich ein riesenhafter, glutroter Vogel. Oder war es ein Paradiesvogel? Nein, eher ein Raubvogel. Er setzte sich auf Don Blechs Brust und drückte sie mit Gewalt nieder. Don Blech stöhnte: ein Alptraum!
Der glutrote Vogel schlug ihm die scharfen Krallen in die Schultern. Er krächzte: „Segle nach Gurkonien. Kämpfe mit mir, besiege mich, töte mich! Zieh mir den Balg ab, erlöse mich!"
Don Blech erwachte. Er wischte sich die Augen. Weit und breit war kein Vogel zu sehen, alles war so friedlich. Der kleine Tura - jetzt erschien er ihm klein - hockte wie eine Taube auf dem Mast. Auch er schlief. Da wälzte sich Don Blech auf die andere Seite und murmelte: „Wahrscheinlich habe ich ein Glas Spätnekaragier zuviel getrunken, und aus dem bunten Segel über mir im Traum einen Riesenvogel gemacht! Na, vergiß es: hinlegen, roll, roll!"
Gleichmäßig hob und senkte sich der Bug von König Wididniks Drachen. Er wiegte Don Blech in den Schlaf. Und fortan quälten ihn keine Träume mehr.

Köpfchen, verwechselt euch

Zu dieser Zeit hatte der alte Kürüküfüzük, der Türke, Goldschmied und Abenteurer, der so einsam an der Küste hauste, schon seltsame Dinge erlebt. Und leider nicht überlebt: traurig, denn er war doch so ein netter

Kerl, und lustig anzusehen obendrein in seinem Kaftan mit dem langen, geflochtenen Bart.
Ohne Schwierigkeiten, wenn auch mit Mühe, war es ihm gelungen, den Seefalter hinter sich herzuziehen, ihn an Land zu rudern. Das Wetter war freundlich, es wehte kein Wind, und der Seefalter lag ruhig im Schlepp. Nur der Blechhaufen klirrte manchmal leise. Und einmal laut: als Kürüküfüzük den Bug des Segelschiffes auf den Strand zog. Da gab es einen Ruck, und die Büchsenteile rollten und polterten durcheinander. Allah sei Dank! - Es wohnte hier weit und breit kein Mensch. Niemand wurde von diesem verräterischen Geräusch angelockt.
Voll Begierde und Glück begann Kürüküfüzük die Fracht auszuladen und in sein Einsiedlerhäuschen zu tragen. Immer wieder lief er hin und zurück. Doch sein Gesicht wurde lang und länger - bald war es so lang wie sein geflochtener Bart: eine schöne Bescherung. Denn wenn auch die Schärfe seiner Augen mit zunehmendem Alter nachgelassen hatte, so konnte er doch noch immer das Echte vom Falschen unterscheiden. Und so brabbelte er denn vor sich hin: „Beim Schnurrbart des Kometen – mich zwicken sieben neugeborene Krokodile ins rechte Bein, wenn das, was ich an Land gezogen habe, etwas anderes ist als wertloses Blech! Oh, ich Unglücklicher! Das sieht aus wie Gold und glänzt und funkelt - ach, aber das kann einen alten Goldschmied nicht täuschen! Das brauche ich nicht einmal zur Probe zwischen meine letzten, lockeren Zähne zu schieben und darauf zu beißen!

Das sehen meine getrübten Augen auch ohne Fernglas: hiermit ist kein Geschäft zu machen, keine Prinzessin zu erobern! Ich glaube, der ehemalige Besitzer dieses Plunders hat sich auf die allereinfachste Art von ihm getrennt, dieser Umweltverschmutzer! Er hat ihn einfach aufs Meer hinausgeschubst. Pfui! – Und was – o Allah! – beginne ich nun damit? Soll ich den Kram ins Wasser werfen? Gluck, gluck ... weg ist er?"

Doch dann betrachtete er die Teile näher und fand die Formen so seltsam. Eine einfache, fast stümperhafte Arbeit war es zwar - und doch: dies war ein Pferdehuf, dies ein Helm, dies eine Beinschiene – und das Ganze war vermutlich eine Rüstung, der Harnisch eines Ritters – und die Rüstung eines Pferdes ...

Kürüküfüzüks Neugier war erwacht. Noch eine Weile brabbelte er, drehte die Teile dicht vor seinen Augen hin und her – bis er sie nacheinander in eine Ecke seiner einzigen Stube warf. Und dann saß er am Tisch und brütete über dem Geheimnis der Rüstungen. Ja, daß sie ein Geheimnis hatten, war so sicher, wie daß der Mond auf und untergeht, ohne wirklich auf und unterzugehen. Er wußte Bescheid in der Welt und noch darüberhinaus.

Wem hatten die Rüstungen gehört? Wer hatte in ihnen gesteckt? Was für Abenteuer hatten sie erlebt? Weilten die Besitzer noch unter den Lebenden oder vermoderten ihre Kadaver längst auf einem Schlachtfeld? So sinnierte er. Er flocht sich den Bart auf und wieder zu. Er zündete das Öllämpchen an, denn es wurde

Nacht. Er grübelte noch immer, als der Mond schon emporgestiegen war. Und dann beschloß er, seinen Geist zu beflügeln, um dem Geheimnis auf den Grund zu gehen. Er setzte das Fäßchen Rum auf den Tisch – voll war es ja nicht mehr –, er steckte einen Schlauch hinein und saugte an dem Schlauch und schluckte und saugte – und wartete auf Erleuchtung. Was für eine vergebliche Hoffnung, seine Gedanken wurden nur immer wirrer!

Und dann beschloß er, zusammenzufügen, was da getrennt war. Werkzeug nahm er sich aus der Kiste, hockte sich auf den Boden und schraubte, nietete, probierte, suchte aus, legte zurück, wühlte im Haufen . . .

Das war keine kleine Arbeit. Zumal er sie beim spärlichen Licht einer trüben Öllampe ausführte und auch der Mond nicht sehr hell war. Da passierte es ihm schon mal, daß er dem Pferd Scheppertonne des Ritters linke Hand an den Fuß montierte – und umgekehrt. Aber er ärgerte sich nicht darüber, er lachte sogar. Bald stand das Rumfäßchen neben ihm auf dem Boden. So verging die Nacht.

Unser Freund Kürüküfüzük arbeitete sich in Schweiß. Seine Sinne waren längst benebelt. Er schaute mit glasigem Blick auf sein Werk, das größer war als er selbst. Nun war es fast vollendet. Er hatte verbessert, was falsch gewesen war; Scheppertonne stand auf den richtigen Hufen und Junker Hohlkopf mit den richtigen Blechhandschuhen vor ihm. Nur die Köpfe fehlten noch.

Mühsam hatte Kürükufüzük das Roß hochgewuchtet und mit dem Hinterteil an die Zimmerwand gestützt. Rechts und links schob er ihm zwei Stuhllehnen unter. Ach, er schwankte, der Gute ...
Dann legte er sich den leblosen goldenen Junker über die Schulter und schob ihn auf den Tisch, den einen Arm auf die rechte, den anderen Arm auf die linke Kante gestützt. Was für ein schlaffer Ritter war das doch - jeden Augenblick drohte er umzusinken. Nun, also die Köpfe mußten noch drauf! Ha - aber da hatte Kürüküfüzük einen göttlichen Einfall! Wäre es nicht wundervoll, einmal im Leben dem Schöpfer ins Handwerk zu pfuschen - einmal etwas ganz anderes zu machen? Kurz und ungut, er nahm den Pferdekopf und vernietete ihn auf Junker Hohlkopfs Schultern, und dann hob er den Ritterhelm auf und befestigte ihn auf Scheppertonnes Pferdehals!
Und dann, beim Anblick dieser Mißgeburt, beim Anblick des Pferdes mit Ritterkopf, mit Visier, Kinnreff und Federbusch; bei der Betrachtung der anderen Ritterrüstung, die ihn wie ein Roß mit Blechgebiß anfletschte, die jeden Moment wiehern konnte, da bekam er einen Lachkrampf! Er tanzte in der Stube herum, er schlug sich vor die Brust, er riß sich die Haare aus dem Bart und fiel schließlich erschöpft vornüber auf den Tisch, mit Kopf und Brust.
Gerade ging die Sonne auf. Der Morgen war gekommen.
Kürüküfüzüks Herz klopfte heftig. Die Ausgelassenheit, der Rum, die Anstrengungen des Tages und der

3 Kruse, Vogel

Nacht, alles, alles war ein bißchen zuviel gewesen. Es war ja nicht mehr sehr kräftig, sein altes Herz. Vielleicht wäre es ihm trotzdem vergönnt gewesen, seinen Rausch auszuschlafen und irgendwann einmal – wenn auch mit Schädelbrummen – aufzuwachen.
Aber leider öffnete da der Pferdekopf auf der Ritterrüstung das Maul und sagte unüberhörbar, mit scheußlicher, blecherner Stimme: „Bin ich nun Sсheppertonne, oder bin ich Junker Hohlkopf?"
Und das Blechpferd antwortete ebenso deutlich aus dem Ritterhelm, durch das Kinnreff: „Ich bin der goldene Junker, denn ich habe den Kopf, und der Kopf macht den Mann, nicht der Leib!"
Da warf sich Kürüküfüzük herum, auf den Rücken, riß die Augen weit auf und schrie: „Beim Schnurrbart des Kometen! Sie sind lebendig! Hilfe . . ." Und da gab es einen Ruck in seinem Brustkorb, auf der linken Seite: einen Knacks – Kürüküfüzük sank hintenüber . . .
Und da lag er nun und stand nie wieder auf.

Was tun?

Der goldene Junker – oder besser: Junker Hohlkopf hatte in der Vergangenheit wahrhaftig bewiesen, was für ein Scheusal er war. Trotzdem: in diesem Augenblick verdienten er und sein Schlachtroß das Mitgefühl aller anständigen Wesen. Nun waren sie aus einem

Haufen hohler Blechröhren und Büchsen, aus einem Gewirr von Einzelstücken wieder ins Dasein zurückgeholt worden - aber auf welch verquere Weise! Ihr Wiederhersteller hatte sich einen Scherz mit ihnen gemacht - und dann war er verschieden, hatte sich aus dem irdischen Staub gestohlen. Das war wirklich rücksichtslos, beim echten Barte des Propheten! Kürüküfüzük schwelgte nun vielleicht schon im Paradies und überließ sie ihrem schweren Schicksal.

Das begann schon damit, daß keiner der beiden genau wußte, wer er war. „Wir sind überkreuzt worden," stellte Junker Scheppertonne fest, also der Pferdekörper mit dem Helm. - Wie man sich denken kann, war er sehr wenig erfreut darüber.

Und: „Jawohl," antwortete das Roß Hohlkopf, also der Pferdekopf auf der Rüstung. „Du bist nun der Junker Scheppertonne, denn dein Pferdekörper ist viel größer und auffälliger als dein Kopf - und ich bin untenherum zweifellos ein Ritter."

Man kann sich leicht vorstellen, wie Junker Scheppertonne jetzt aussah, wenn man sich an die Bilder der Zentauren erinnert, der Gestalten aus der griechischen Sage, jener Wesen mit Pferdekörper und Menschenleib. Nur daß bei den Zentauren der ganze menschliche Oberkörper mit den Armen vorhanden gewesen war.

„Wie auch immer", rief Junker Scheppertonne, „Name hin, Name her - so kann es jedenfalls nicht bleiben!" Er raffte sich auf und stubste den leblosen Leib Kürüküfüzüks. „He, du da! Aufgewacht! Vertausche unsere Köpfe, und zwar augenblicklich!"

Vielleicht hätte ihnen Kürüküfüzük diesen Gefallen gern getan, aber es war unmöglich. Und so blieb es, mochten Pferdejunker und Ritterroß noch soviel an ihm rütteln. Kürüküfüzük schlug die Augen nicht mehr auf.
„Er ist tot!" stellte Junker Scheppertonne fest. Und dann stieß er einen so gräßlichen Fluch aus, daß man ihn anständigerweise nicht wiedergeben kann.
Und zum Schluß schrie er noch einmal „Verdammt!", wogegen weniger einzuwenden ist.
Junker Scheppertonne grübelte. Dann brummte er: „Wenn er uns nicht mehr helfen kann, müssen wir es selbst versuchen!"
„Aber wie? Sehr geistreich! Ich kann dir den Ritterkopf vom Pferdekörper nehmen. Vielleicht? Aber dann fällst du ebenso um wie unser Zusammensetzer. Und dann kannst du mir weder den Kopf abnehmen, noch ihn dir selbst aufstülpen!"
„Oh - das heißt ja, wir müßten uns noch einmal köpfen lassen, von wem auch immer, alle beide, um wieder richtig beköpft zu werden; um wieder die richtige Gestalt zu bekommen. Und wer garantiert uns dafür, daß der, der uns die Köpfe abnimmt, sie uns auch wieder aufsetzt? - Wie, wenn er uns dann wieder kopflos ließe?"
„Ich weiß es nicht! Wir müssen ihm schreckliche Strafen androhen!"
„Im Gegenteil, dann würde er uns bestimmt nicht lebendig machen. Wir müßten ihm goldene Berge versprechen!"

„Nun ja, wir könnten ihm ja vorher goldene Berge versprechen und ihn später umbringen, damit er unser Geheimnis nicht ausplaudert. Zunächst aber müssen wir ihn finden!"
„Ja! - Wo sind wir? Und wie kommen wir hierher?"
„Das weiß ich auch nicht! Das letzte, woran ich mich erinnern kann, ist, daß dich Don Blech zu Boden warf, das heißt: Dich und einen Teil von mir - und daß er dir das Haupt abmontierte, das heißt, eigentlich mir .... und daß ich dann davongestürmt bin, das heißt: eigentlich du ... und daß der Junge auf dem Stier hinter mir herkam, daß heißt, eigentlich hinter dir. . ja, und dann wurde es auch dunkel um mich, das heißt: eigentlich um dich!"
„Wir müßten also zunächst feststellen, wo wir uns befinden und ob ein menschliches, intelligentes Wesen in der Nähe ist."
Kürüküfüzüks Haus war winzig, sie hatten es in kurzer Zeit durchsucht. Sie brüllten und wieherten darin herum - aber sie kriegten keine Antwort. Aus keiner Ecke, aus keinem Bett, nicht aus der Küche oder der Kammer kam ein Bursche oder ein hilfreiches Mädchen hervor.
Sie gingen hinaus. Da dehnte sich die Steppenlandschaft - und dort das Meer. Nirgends war ein Haus, nirgends kam Rauch aus einem Schornstein.
„Wir müssen ausreiten!" rief der Ritter mit dem Pferdekopf. „Laß mich aufsitzen!"
„Wie - ?" empörte sich das Roß mit dem Ritterhelm. „Du Pferdekopf willst auf mir, einem Junker reiten?

Das geht gegen meine Ritterehre!"
„Papperlapapp!" antwortete das Roß Hohlkopf, der Pferdekopf auf der Blechrüstung. „Papperlapapp! Beim Reiten kommt es wahrhaftig nicht auf den Kopf an, noch dazu, wenn dieser hohl ist! Deine Hufe, dein Leib, dein Rücken - alles ist von einem Pferd und zum Reiten geschaffen. Und meine gespreizten Beine passen prächtig darauf - wir haben das ja schon erprobt! Ruhig! Steh still .... willst du wohl stillstehen!"
„Ohhhh ...", stöhnte es aus Junker Hohlkopfs Ritterhelm. Es war ein Laut tiefster Erniedrigung. Aber was konnte er machen - sein Leib war nun einmal ein Pferdekörper und ließ sich gut besteigen. Und dann ritten sie davon, die vertauschten, verkreuzten, verwechselten Gestalten, trabten mit nickendem Ritterhelm und hoch aufgerecktem Pferdehaupt davon - über die Wiesen, über das ganze, weite Land. Es schien nirgends zu enden. Und nirgends, nirgends fanden sie einen Menschen.

Erst am Abend kehrten sie heim, erschöpft und entmutigt. Und da beschlossen sie, ihr Heil auf dem Meere zu suchen und den Seefalter erneut zu besteigen und sich treiben zu lassen, wohin er sie treiben wollte. Irgendwann einmal, so dachten sie, mußte er ja wieder an ein Ufer gelangen. Denn kein Meer ist ohne Ende. Und dann konnten sie vielleicht gerettet werden.

Andere Völker - andere Sitten

Weit unten auf dem Globus, im heißen Süden, gibt es ein Land, das bei uns noch unbekannt ist. Es heißt Gurkonien, und seine Bewohner heißen die Gurkonier. Die Hauptstadt - sie haben nur diese eine - wird von ihnen stolz Gurkonia genannt.
Dort werden Gurken und alle Früchte, die zu deren Familie gehören, entfernte oder nahe Verwandte - über alles geschätzt. Sie sind das Hauptnahrungsmittel.

Und daher wurden die Gurkonier im Laufe der Jahrhunderte den Gurken immer ähnlicher, um so mehr, als sie auch ihre Kleidung aus den Fasern der Gurkenstengel und aus Gurken-, Melonen- und Kürbisblättern, aus leeren Schalen und vielen anderen Fruchtteilen anfertigten.
Die Stadt Gurkonia lag am Meer. Im Hafenbecken wimmelte es von Melonenquallen. Die Segelschiffe legten an der Kürbismole an. Vom Hafen führte der Schlangengurkenkanal direkt in die Stadt hinein, in den Wassermelonensee. Die Kukumerbrücke bildete die Verbindung zwischen den beiden Stadtteilen, rechts und links vom Kanal. Kukumer heißt - wie man im Biologielehrbuch nachlesen kann - ebenfalls Gurke. Die Kukumerstraße führte direkt zum Kukumerplatz - das heißt: erst mußte man das Kürbistor passiert haben. Die Stadt Gurkonia war nämlich umgeben von einer Stadtmauer aus gewaltigen Balken des Gurkenbaumes. Der Kukumerplatz hatte vier Besonderheiten. Erstens war er die Stadtmitte. Zweitens lag er am Wassermelonensee. Drittens befand sich dort auch das Schloß Gurkigel. Und viertens erhob sich dort der Tempel, neben dem der etwas schief geratene Glockenturm stand. Man nannte ihn die Krumme Gurke. Hoch oben hing die Kürbisglocke, welche die Gurkonier in guten und schlechten Zeiten zusammenrief.
Es war gerade keine sehr gute Zeit ...
Doch wollen wir schnell noch erwähnen, daß die putzigen Bewohner Gurkonias in kugelartigen Häu-

sern mit verschrumpelter Außenwand wohnten, in Melonen- und Kürbishäusern. Überall wuchsen die hübschen Melonenbäume, und auf den Fensterbrettern und in den Gärten bildeten Melonenkakteen die größte Zier.

Regiert wurde Gurkonien - wie könnte es anders sein - von König Gurkigel dem Rankigen. Er war kein Held. Aber das schadete nicht so sehr viel, denn er verließ sich ganz auf seinen oberklugen Berater, den scharfsinnigen Paprikel, der in seiner Freizeit dem Hobby des Erfindens und Bastelns nachging. Er war ein hervorragender Erfinder!

Ja, das wäre wohl das wichtigste. Höchstens wäre noch zu erwähnen, daß sich gleich neben dem Kürbistor und hinter der Stadtmauer das Gukürmel-Lagerhaus befand - der Aufbewahrungsort für die Lebensmittel-Vorräte aus Gurken, Kürbissen und Melonen.

Die Geschichte beginnt an einem feierlichen, aber auch traurigen Tag in Gurkonien. König Gurkigel der Rankige hatte beschlossen, den mächtigen Gurko-Gurko zu beschwören, der irgendwo über den gurken- und kürbisförmigen Wolken wohnte, und den noch niemand gesehen hatte.

Lang hatte die Kürbisglocke in der Krummen Gurke geläutet. Sie hatte einen unverwechselbaren, dumpfen Ton. Die Gurkonier strömten zum Kukumerplatz, Männer und Frauen, Omas und Opas - ja, sogar die Kinder durften ausnahmsweise das Haus verlassen. Wenn der große Gurko-Gurko beschworen wurde - so dachte König Gurkigel entgegen dem Rate seines klugen Paprikels - dann würde sich der Feind aus der Luft wohl zurückhalten.

Aus dem gleichen Grunde - nämlich aus reiner Vertrauensseligkeit - wurde auch das Kürbistor nicht geschlossen, wurden auf der Stadtmauer und am Hafen keine Wachen aufgestellt.

Zum Anbetungstempel führte eine offene Treppe empor. Dahinter stand der Opfertisch. Und über diesem leuchtete das grüne Standbild des mächtigen Gurko-Gurko, so, wie ihn sich die Gurkonier vorstellten. König Gurkigel der Rankige flehte ihn an - er trug das grüngeschlitzte Gewand eines Oberpriesters. Über dem Opfertisch, unter dem offenen Dach baumelten viele kleine und große Silbergurken im Wind.

Von Geschlecht zu Geschlecht hatte sich die Sage erhalten, daß der mächtige Gurko-Gurko eines Tages, wenn die Not am größten sei, aus den Wolken zu seinem Volk herabsteigen werde.

Und dies hoffte man immer sehnsüchtiger, denn größer konnte die Not kaum noch werden.

Über König Gurkigels Haupt schwang der scharfsinnige Paprikel einen ausgehöhlten Kürbis, aus dem eine bläuliche Wolke süßen, duftenden Rauches aufstieg. „O mächtiger Gurko-Gurko, errette uns!" stöhnte, jammerte, flehte das Volk. Dichtgedrängt stand es auf dem Kukumerplatz. Da wandte sich König Gurkigel um. Mit schmerzbewegter Stimme rief er: „Mitgurken, liebe Untergurken ...", er hatte eine fistelnde, etwas feuchte Stimme, „Gurko-Gurko wird uns erretten!"

„Warum hat er es denn nicht schon längst getan?" fragte eine vorlaute Kinderstimme aus der Menge. Da wurde der Bub niedergezischt: „Sei still! Oder du bist der Nächste!"

Paprikel, der scharfsinnige Ratgeber, schwang unbewegten Gesichtes weiter das Räucherfaß. Er machte sich seine eigenen Gedanken!

Der König flehte von neuem: „O mächtiger, allmächtiger Gurko-Gurko! Ich rufe dich! Erscheine uns, steig aus deinen Wolken herab und kämpfe für uns. Töte den gräßlichen, glutroten Vogel und befreie die Kinder, die er uns geraubt hat!"

Da wurde das Schluchzen der Gurkonier so laut, daß König Gurkigels Stimme minutenlang nicht mehr zu vernehmen war. Auch er war erschöpft und ergriffen. Um die Wahrheit zu sagen: er fürchtete sich ein wenig vor des mächtigen Gurko-Gurko Erscheinen. Doch als ihm Paprikel zuflüsterte: „Sprich weiter!" ermannte er sich. Er rief - und seine Stimme zitterte wie ein Gurkenblatt im Winde -: „Nie wieder soll der glutrote Vogel ein Kind entführen, mit scharfen Krallen packen, in die Luft tragen! Erscheine in deiner wahren, großen und mächtigen Gestalt!"

Paprikel der Scharfsinnige hielt nicht so viel von dieser Beschwörung. Er hätte es lieber gesehen, wenn der König selbst sich aufgerafft hätte, den glutroten Vogel zu besiegen. Er war daher nicht so recht bei der Sache, er ließ seine Augen umherschweifen: in die Höhe, aus der so oft schon der Vogel herabgeschossen kam; aber auch über die Köpfe der Gurkonier; über die Dächer

der melonen- und kürbisförmigen Häuser - über die ganze Stadt und den Wassermelonensee. Da wäre ihm doch fast die Kürbisweihrauchschale aus der Hand gefallen und auf des Königs gebeugtes, erhabenes Haupt.
„Paß doch auf!" fistelte ihn der König an.
Paprikel aber streckte den Arm aus, er deutete in die Kukumerstraße ... denn dort erschien, von allen bisher unbemerkt, ein goldener Reiter mit einem Pferdekopf.
„Oh, Gurko-Gurko ist erschienen!" jubelte der König. „Ach, aber ich hatte ihn mir eigentlich ganz anders vorgestellt!"

Falsche Götter

Geblendet von einer offenbar überirdischen Erscheinung wich das Volk der Gurkonier zurück. Eine breite Gasse bildete sich, quer über den ganzen Kukumerplatz bis hin zur Einmündung in die Kukumerstraße. Die entfernt stehenden Leute wären fast in den Wassermelonensee gedrängt worden. Wieder andere versuchten, sich vom gewölbten Rücken der Kukumerbrücke einen besseren Überblick zu verschaffen.
Es herrschte ein ehrfürchtiges, auch etwas ängstliches Schweigen. Nur diese Geräusche ertönten: das Scheppern und Klappern der Blechrüstungen, das Quietschen der Scharniere und die Huftritte.
Ach, König Gurkigel der Rankige hatte nur zu recht:

die Erscheinung glich ganz und gar nicht dem Standbild des großen Gurko-Gurko im Anbetungstempel. Jedoch: was besagte das schon! Der Künstler hatte sich eben geirrt - wie es Künstler so häufig tun. Man würde das Standbild einfach ändern! Allzu deutlich war da ein Teil der strahlenden, leuchtenden Sonne, ein Stück vom Himmel gefallenes Gold - und genau zur richtigen Sekunde hatte es sich offenbart!

Die Gurkonier - vor allem die näherstehenden - warfen sich mit dem Gesicht in den Staub. Sie zitterten vor Angst und Glück.

Ganz leise flüsterte der Pferdekopf mit dem Ritterleib, der hoch oben thronte, dem Ritterhelm mit dem Pferdekörper unten zu: „Wäre ich - oder wärest du - ein echtes Pferd und wüßten wir, was Hunger ist - ach, es wäre eine Lust, in diese saftigen Gürkchen hineinzubeißen!"

Der Ritterhelm drehte sich um, nach oben zu dem Pferdemaul: „Still, du Roß! Überlaß es mir, mit den Leuten zu verhandeln. Rede kein Wort!" Er gab sich sehr liebreich und sanftmütig, tänzelte geschmeidig, bemühte sich, keinen Gurkonier mit dem Huf zu berühren, denn - er wollte ja etwas von ihnen.

So überquerten Reiter und Pferd den Platz. Sie erreichten die Stufen zum Anbetungstempel und erklommen sie - nicht gerade mit göttlicher Leichtigkeit, wie der scharfsinnige Paprikel bemerkte. Er begann schon zu zweifeln, ob dies auch wirklich der erhabene Gurko-Gurko sei.

Auf der obersten Treppenstufe, dicht vor dem König,

blieb das in Gold gebadete Wesen stehen. König Gurkigel war unwillkürlich zurückgewichen und faßte schutzsuchend das Gewand seines Beraters. Er wartete, daß der vermeintliche Gott ihn anrede - aber dieser wartete ebenso. Junker Scheppertonne wünschte dringend zu erfahren, wo er sich befand und was man von ihm erhoffte. Aber er fühlte sich schon sehr geschmeichelt, denn sichtlich hielt man ihn doch für ein höheres Wesen.

Lange währte die Stille. Ganz leise schwangen die Gurkenschwengel, klingelten die Melonenglöckchen. Ein Windstoß, der vom Meer durch die Kukumerstraße wehte, ließ Junker Scheppertonnes Helmbusch flattern. Das kitzelte den Roßkopf in den Nüstern: Hatschi! König Gurkigel der Rankige zuckte zusammen, seine schrumplige Haut wurde noch schrumpeliger und warziger. Und der scharfsinnige Paprikel ließ versehentlich das Weihrauchfaß fallen.

Unwillig zischte ihn der König an: „Tölpel! Gerade jetzt! - So sag doch ein Wort! Wozu bist du mein Berater?"

„Nein, du mußt ihn ansprechen! Du bist der König", gab Paprikel geschickt zurück, „sonst beleidigen wir ihn!"

König Gurkigels Kopf schwoll an - er wurde fast zu einer Wassermelone.

Da ermunterte ihn Junker Scheppertonne: „Sprich! Ich beiße nicht!" Der Pferdekopf über ihm fletschte die Zähne und wieherte leise.

König Gurkigel faßte sich, Paprikel stupste ihn: „Oh,

großer Gurko-Gurko . . .", kam es stammelnd, „wir danken dir, daß du endlich aus deinem Wolkenreich zu uns herabgestiegen bist, um uns von unserem schrecklichen Feind zu befreien . . ."

Die Worte 'Feind' und 'befreien' klangen lieblich in Junker Scheppertonnes Ohren. Er antwortete: „Ja, das bin ich!"

Da jauchzten die Gurkonier, denn nun war jeder Zweifel beseitigt.

„Danke, o danke!" jauchzte auch der König. „Warum aber, du Abbild der Sonne, warum kommst du erst jetzt?"

Da schienen Blitze aus dem Helm zu zucken: „Wagst du es, mich zu tadeln?"

„Nein, o nein!" kam die zitternde Antwort.

„Nun gut. Dann will ich dir vergeben. Aber wisse, daß ich sehr beschäftigt bin." Junker Scheppertonne wußte selbst nicht, mit was.

„Das verstehe ich", murmelte der König. Es klang fast ein wenig kollegial. „Dein Reich ist ja noch viel größer als meines, und ich weiß wohl, wie anstrengend das Regieren ist!"

„Vergleiche dich nicht mit mir!" herrschte ihn Junker Scheppertonne an. Dann aber fiel ihm ein, wie dringend er den König brauchte, und er fuhr sanfter fort: „Wisse, daß ich durch ein finsteres Geschick daran gehindert wurde, schon früher zu euch zu kommen."

„Durch den Fürsten der Finsternis, den glutroten Vogel?" fragte Paprikel. Er versuchte emsig, ein wenig Klarheit in die Dinge zu bringen.

„Du sagst es! - Deshalb müßt ihr mir zunächst einen kleinen Dienst erweisen, eine winzige, aber bedeutsame Gefälligkeit!"
„Gerne, o gerne!" versicherte der König.
Da rief Junker Scheppertonne: „So sei es! - Schwört hoch und heilig, meine Befehle peinlich genau auszuführen und das große Werk, eure Aufgabe, von der alles abhängt, nicht vorzeitig abzubrechen!"
„Ich muß doch nicht kämpfen?" fragte der König bedenklich.
„Nein!"
„Dann tun wir alles, was du wünschst, großer Gurko-Gurko! Was ist es, sprich ..."
„Ja - ehem - der Fürst der Finsternis, der glutrote Vogel, hat mir einen Streich gespielt. Ich war gerade müde und daher ein wenig unvorsichtig ..."
„Mittagsschläfchen?" fragte König Gurkigel verständnisvoll.
„Jaja!" brummte Junker Scheppertonne. „Normalerweise zittert der Unhold natürlich vor mir, und ich werde mich auch sogleich an ihm rächen!"
„Hurra!" donnerte es über den Platz.
Und der Ritterhelm auf dem Pferdekörper drehte sich um und drängte: „Nun steig endlich ab, Roßkopf!"
Da wuchtete sich der Ritterleib mit dem Pferdekopf herunter - zu der Gurkonier unbeschreiblichem Entsetzen zerteilte sich der Gott - aus einem Wesen wurden zwei ...
Verblüfft rieb sich der scharfsinnige Paprikel die Nase.
Und König Gurkigel jammerte: „Großmächtiger!

Der glutrote Vogel hat dich zerhackt!"
„Unsinn! - Doch nun ans Werk. Wer ist euer tüchtigster Handwerker?"
„Paprikel, mein Berater!" sagte der König nicht ohne Stolz. Als ob etwas von seinem Können auch ihm zugute käme.
Paprikel aber schlotterte. Nachdenken tat er gern. In seiner Bude basteln ebenfalls. Aber gefährliche Aufgaben waren nicht seine Liebhaberei, noch dazu in aller Öffentlichkeit!

Ein vertracktes Werk

Der blitzende göttliche Reiter mit dem Pferdehaupt ließ ihm nicht lange Zeit zum Schlottern. Noch weniger zum Nachdenken. „Geh' und hole eine Zange!" herrschte er ihn an.
Das war Paprikel nur recht. So gelangte er erst einmal aus der unbehaglichen Nähe. Er trollte sich die Treppe hinab, rannte über den Kukumerplatz, durch die Kukumerstraße, überquerte den Schlangengurkenkanal auf der Kukumerbrücke und erreichte sein kürbisförmiges Haus. Es lag genau am entgegengesetzten Ufer des Wassermelonensees. Über dem schimmernden Wasserspiegel sah er die unregelmäßigen Kuppeln und Türmchen des Gurkigel-Schlosses zwischen den Melonenbäumen. Ach, wie hübsch war doch alles! So hübsch und so friedlich!
Der scharfsinnige Paprikel seufzte. Zu gern hätte er

sich aus dem Staub gemacht - oder sich nur einfach in seiner Werkstatt an die Hobelbank gestellt und an einer seiner umwerfenden Erfindungen gearbeitet; doch sein Pflichtgefühl war stärker. Und auch seine Neugier. Er durchwühlte seine Werkzeugkiste, fand endlich auch eine Zange und preschte den ganzen Weg wieder zurück, so schnell er gekommen war. Trotzdem herrschte ihn das mächtige Wesen an: „Wo bleibst du nur so lange?"

„Ich lief so schnell ich konnte!" rief Paprikel. Er atmete heftig. Und sein Kopf war so rot wie eine Pfefferschote. Triumphierend fuchtelte er mit der Kneifzange vor dem Pferdekopf herum.

Dem Ritterhelm auf dem Roßkörper schien das nicht

zu behagen. Als bereitete ihm der Anblick Übelkeit, drehte er das Visier beiseite. Doch dann nahm er sich zusammen und sagte: „Verwandle uns beide! Nimm der Gestalt neben mir den Pferdekopf ab!"
„Den Kopf?"
„Mach dir keine Sorgen. Tu genau, was ich dir sage: Sobald du den Kopf vom Körper getrennt hast, sinkt die Rüstung in sich zusammen. Ihr Geist ist aus ihr entwichen. Sie wird dir hohl erscheinen – aber das ist nur eine Täuschung. Und nun paß gut auf – denn davon hängt euer aller Heil ab: nun mußt du auch mir den Kopf abnehmen, und auch ich werde leblos umfallen!"
„O nein!" jammerte Paprikel. „Das kann ich nicht! Bin ich denn ein Gott-Enthaupter?"

„Du sollst uns ja wieder zusammensetzen", rief der Helm auf dem Pferdeleib ...
Gerade jetzt geschah etwas Fürchterliches. Es war, als ob die Sonne sich verdunkelte. Einer großen Wolke gleich schwebte ein gewaltiger Vogel herbei. Glutrot waren seine Federn. Mit weitgespannten Flügeln segelte er heran, krächzte triumphierend, schoß herunter, packte ein Gurkonierkind . . . das schrie laut . . . der Vogel kreischte, er öffnete den Schnabel, er zeterte: „Holt es euch wieder, ihr Feiglinge!"
Blieben die Gurkonier auch - wie üblich - stumm, so erhielt der Vogel diesmal doch eine Antwort. Junker Scheppertonnes Helm auf dem Pferdekörper dröhnte: „Ich werde kommen und mit dir kämpfen!"
„Du?" ein verächtlicher Blick traf ihn!
„Ja, ich!"
„Ist das neben dir dein Kind?"
„Was geht es dich an?"
„Viel, sehr viel!" rief der Vogel. Und - das schreiende Gürkchen in den Fängen - flog er rasch davon. Nun war das Jammern groß. Das Wehklagen war kaum zu ertragen. Auch Paprikel seufzte: „Ach . . . o weh . . ." Wie konnte das nur in Gegenwart unseres Gurko-Gurko geschehen? dachte er.
Und dazu herrschte ihn Junker Scheppertonne auch noch an: „Es ist deine Schuld! Du hast zu lange gezögert! Hättest du gleich getan, was ich von dir forderte, längst wäret ihr von diesem Unhold befreit . . . ."
Da riefen die Gurkonier im Chor: „Paprikel, Paprikel . . ."

„Nun denn – ", seufzte dieser. Er klapperte mit der Zange.
Junker Scheppertonne ermahnte ihn: „Wenn du meinen Kopf säuberlich und ohne etwas zu beschädigen vom Rumpf getrennt hast, liege ich leblos neben dir, anscheinend hohl. Dann nimm mein Haupt wie etwas Kostbares ... nicht das andere, höre gut ..."
„Oh, oh ...", stöhnte Paprikel. Er fühlte sich in seiner Rolle so unwohl wie ein neugebackener Scharfrichter.
„Jammere nicht, Memme!" ermahnte ihn der Ritterhelm. „Nimm also meinen Kopf und befestige ihn richtig an dem anderen Körper, an diesem da neben mir! Verwechsle uns nicht! Mein Kopf gehört auf den schlanken, stolzen Ritterleib, verstanden?"
Paprikel nickte tapfer. Aber er hatte doch nur undeutlich aufgenommen, worum es ging. In seinem Gehirn herrschte eine ungewöhnliche Benommenheit ... die Fülle der Ereignisse ...
„Beginne!" rief Junker Scheppertonne. „Ich werde dich göttlich belohnen! Und ihr anderen – alle: auf die Knie. Den Kopf in den Staub! – " Er selber kniete nieder, damit Paprikel die Nieten an seinem Hals besser erreichen konnte. Vorsichtig faßte des Königs scharfsinniger Berater die Nieten und zog sie – eine nach der anderen – wie Zähne! Da fiel der Pferdekopf klirrend zu Boden, und auch die Ritterrüstung stürzte um.
Paprikel erschrak bis ins Mark – zumal ihn nun das Roß Hohlkopf anwieherte: „Paß doch auf! Die edlen Teile! So kriegen sie Beulen! – Los, nimm mein

Haupt in den Arm und trenne es vorsichtig vom Rumpf. Verliere keine Sekunde, befestige es auf der Ritterrüstung!"

Das Pferd neigte den Helm. Paprikel schuftete – bald hatte er den Ritterhelm im Arm. Der Pferdekörper stürzte um. Paprikel wunderte sich, wie leicht der Kopf des großen Gurko-Gurko war, jetzt, da die leuchtende Erscheinung so stumm und leblos dalag . . . Doch er schritt mit Helm und Federbusch zur Ritterrüstung, kniete sich neben sie – befestigte den Hals am Körper, mit zitternden Fingern . . . und kaum hatte er sein Werk beendet, die letzte Niete eingesetzt, sprang der goldene Junker auf, jetzt wieder Junker Hohlkopf der Richtige, er schlug sich mit dem Arm aus Metall auf einen Teil seines Oberkörpers, der hohl klang, er fuchelte mit dem Schwert herum, er schrie: „Ha!" stieß Drohungen aus, machte einen Schritt, gelangte aber nicht dahin, wo er hinblickte, sondern genau rückwärts . . . sah an sich hinunter, suchte seine Fußspitzen, fand statt dessen die Sporen und brüllte aufgebracht: „Kerl, du hast mir den Kopf verkehrt herum aufgesetzt!"

Gefahr und Errettung

Da versteinerte Paprikel der Scharfsinnige.

Unfähig war er, so rasch zu begreifen. Was für ein schrecklicher Irrtum! War er nun dem Tode geweiht – ein Gotteslästerer, ein Gott-Kopf-Verdreher?

Von unten, aus der Menge auf dem Kukumerplatz,

klang dumpfes Murmeln zu ihm empor, drohend ... rasch konnte es zu wilder Wut werden. Ach – da zerklatschte auch schon eine faule Tomate auf seiner Brust. Dickflüssig rann der kernige Saft herab – Paprikel rührte sich nicht, ließ ihn fließen.

Aber die Gedanken klärten sich. War das ein Gott, der solch einen Fehler nicht verhindern konnte? War er überhaupt mächtig, hilfreich?

Jedenfalls schimpfte er sehr unheilig, als er nun Paprikel seine vordere Helmpartie mit Visier und Kinnreff – und damit auch gleichzeitig seinen Rücken zuwandte. Verkehrte Welt! Er drohte: „Dummkopf! O du Tölpel, du Narr, du Hanswurst! Ach, ich könnte dich in der Luft zerreißen, zerstückeln .... wenn ich dich nicht noch brauchte! Ach, es hilft nichts, du mußt mir den Kopf noch einmal abnehmen und ihn mir richtig herum aufsetzen! Das Kinn nach vorne, über die Brust, du Schlottermann ... über die Brust und über den Bauch – wenn du weißt, was das ist! Merke dir, wie ich jetzt aussehe und mach es genau anders – nicht wieder verkehrt, oder deine letzte Stunde hat geschlagen!"

Paprikel schlotterte wirklich. Noch nie war Heldenmut Sache der Gurkonier gewesen. Er machte da keine Ausnahme. Er bebte immer noch, als sich der angebliche Gott umständlich auf die Knie sinken ließ. So einfach war das nicht, denn mit umgedrehtem Kopf war rechts gleich links und links gleich rechts .... Dann aber kniete er vor Paprikel – die Heldenbrust dem Volk zugekehrt, das Gesicht im Nacken. Und Paprikel stützte das Kinn mit der Hand, zog noch einmal die Nieten am Hals – und König Gurkigel der Rankige hielt höchstderoselbst den goldenen Körper, damit er nicht würde- und kraftlos auf den Boden polterte.

Als nun Paprikel das Haupt in den Händen hatte, da packte ihn eine wilde Lust, es wegzuwerfen und den großen Gurko-Gurko so kraftlos zu lassen, wie er jetzt war! Was für eine Verlockung: mächtiger zu

sein als dieser! Aber würde er ihn nicht bestrafen, sowie er wieder erweckt war?
Die Menge duldete kein Verweilen. Sie tobte. Sie glaubte den Versprechungen, sie wollte die Kinder wiederhaben. Und der König fauchte ihn an: „Worauf wartest du noch? Wenn jetzt der glutrote Vogel zurückkäme ..."
Paprikel seufzte. Er ging drei Schritte um den kopflosen Körper herum, so daß er vor seiner Brust zu stehen kam - dann setzte er den Helm auf den Hals, befestigte die Nieten, und Junker Hohlkopf erwachte wieder - diesmal endgültig und ohne Gebrechen! Sofort sprang er auf. Er blickte an sich hinunter. Er bewegte die Arme und Beine wie eine Kasperlefigur. Und als er festgestellt hatte, daß alles am richtigen Platz war, setzte er Paprikel die Schwertspitze auf die Brust, mitten in die Tomatensauce hinein, die nun aussah wie Blut, das aus einer frischen Wunde tropfte. Und er dröhnte: „So - und nun setze mein Pferd zusammen! Ich zähle bis drei . . . beeile dich, oder du wirst ins Reich der Toten befördert. Oh, bildet euch doch nicht ein, daß ich gekommen sei, euch zu helfen! Ja, ich werde den lächerlichen Vogel besiegen, was ist da schon groß dabei! Aber nur, weil es mir Spaß macht! Weil es meine Lust ist, alle zu besiegen und mir zu unterwerfen! Und ich werde euch beherrschen! Ihr werdet noch die Tage zurückwünschen, an denen euch nur der glutrote Vogel zeitweise heimsuchte, denn meine Herrschaft wird viel schrecklicher sein, mich müßt ihr täglich ertragen!"

König Gurkigel und der scharfsinnige Paprikel sanken auf die Knie und flehten: „Gnade, Gnade!"
Gelähmt vor Schreck, hielten die Gurkonier auf dem Kukumerplatz den Atem an.
Da, als man schon das Ende des Königs und seines Beraters gekommen sah, da verdunkelte sich noch einmal die Sonne. Rasch wie der Blitz stieß der Vogel nieder, er packte den goldenen Junker, hieb seine Krallen unter die Achselbleche, hob ihn hoch, schüttelte ihn wie einen Hampelmann - da nützte es nichts, daß Junker Hohlkopf mit dem Schwert herumfuchtelte.
Der Vogel schlenkerte ihn mit den Fußspitzen gegen die leblos daliegende Scheppertonne, er höhnte: „Nun hole du dir dein Kleines, Prahlhans ..." Ganz offenbar unterlag er einem Irrtum.
Und dann flog er davon - mit seiner glänzenden Beute.
Wahrhaftig: Paprikel atmete auf! Zum ersten Mal war er dem glutroten Vogel, dem Räuber, dem fürchterlichen, dankbar! An allen Gliedern schlotternd, aber von einem Alpdruck befreit, wandte er sich dem König zu und flüsterte: „Gurkestät! Eben sind wir aus gräßlicher Gefahr errettet worden!"
„Ich bin verwirrt, zerschmettert!" jammerte der König. „Mir ist übel, ich muß mich niederlegen - die Feierstunde ist beendet!"
„Sehr richtig! - Und ich will täglich Mäusehaare essen, wenn d a s unser Gurko-Gurko war! Nein, nie! - Ha, wir sind einem Schwindler auf den Leim gegangen.

Einem Lügner! Was für Drohungen er ausstieß, sobald ich ihm seinen Wunsch erfüllt hatte! Götter belohnen einen huldvoll – so wie richtige Könige!"
„Das kann man bei Königen auch nicht so genau wissen!" meinte König Gurkigel. Er wollte gern falschen Erwartungen vorbeugen.
„Und hat er sich etwa gegen den glutroten Vogel zur Wehr setzen können? Keine Gurke! Wie ein Strohhalm wurde er davongetragen .... gar nicht göttlich war das!"
„In der Tat!" stammelte der König. Er hatte ungeheure Sehnsucht nach einem stärkenden Löffel süßen Zuckermelonensirups. Dann fiel sein Blick auf Scheppertonne, die so gewaltig vor ihnen lag: „Was machen wir mit dem da?"
„Keinesfalls setzen wir es zusammen! Vielleicht ist es noch grausamer – es sieht so groß aus! – Am besten schleifen wir es ins Gukürmel-Lagerhaus am Hafen und sperren die Tür fest zu."
„Auf deine Verantwortung!" brummte Seine Majestät.
„Na ja, wie immer!" antwortete Paprikel schnippisch.

Das Gukürmel-Lagerhaus

Paprikel überlegte. Dann sagte er: „Fast könnte man glauben, daß der glutrote Vogel in Wahrheit der große Gurko-Gurko ist. Vielleicht will er uns bestrafen und wählte dafür eine andere Gestalt!"
„Wofür sollte er uns bestrafen wollen?"

„Das müßte man herausfinden! - Eines steht fest: er ist mächtiger als der hohle Götze, den wir fälschlich für ein überirdisches Wesen gehalten haben. Was ich dir schon oft geraten habe, sage ich dir noch einmal: Du mußt den Befehl des glutroten Vogels befolgen, mußt aufbrechen, sein Nest suchen, mit ihm kämpfen, wie er es wünscht!”

„Wenn dir nichts anderes einfällt, wirst du entlassen!” antwortete der König.

Der scharfsinnige Ratgeber zuckte mit den Achseln. Er wußte schon, daß gegen die Feigheit Seiner Gurkestät kein Gewürz gewachsen war. Er selber war ja auch kein Held.

Inzwischen wuchs die Unruhe auf dem Platz. Alles, was geschehen war - es war einfach zu viel und zu unbegreiflich. Deshalb empfahl Paprikel dem König, eine Ansprache zu halten.

„Immer ich?” murrte Gurkigel der Rankige, „sprich du!”

„Danke! Ich habe genug von einer faulen Tomate!” König Gurkigel seufzte. Sein Amt und seine Krone drückten ihn. Er klatschte dreimal in die Hände. Er wedelte mit den Händen, er wackelte mit den Armen. Als endlich Ruhe einkehrte, erhob er seine Fistelstimme: „Mitgurken - Untergurken!” rief er. „Wie ihr gesehen habt, war der vermeintliche Gott nur ein Götze und Prahlhans. Ich habe deshalb beschlossen, seine zweite Hälfte nicht wieder zusammenzusetzen. Wir werden sie ins Gukürmel-Lagerhaus schleifen!”

Die Gurkonier waren sehr verwirrt. Zunächst schien

ein Gott zu kommen, um sie von dem räuberischen glutroten Vogel zu befreien - dann wurde trotzdem eines ihrer Kinder geraubt, in seiner Anwesenheit - dann wurde der Gott enthauptet, dann war er ungnädig und drohte, den Vogel noch an Grausamkeit zu übertreffen - und dann wurde er selber weggeschleppt. War nicht vielleicht König Gurkigel der Rankige schuld an all dem Unheil? Vielleicht genügte es, ihn abzusetzen und einen anderen König zu wählen? Natürlich dachten nicht alle so. Und es war ja auch nicht so einfach, derartiges durchzuführen. Für den Augenblick war es sicher das beste, zu gehorchen. Paprikel der Scharfsinnige hatte sich wohl alles genau überlegt.

So fanden sich ein Dutzend kräftiger Männer, die auf die Treppe stiegen und die zweigeteilte Scheppertonne herabschleiften. Man legte große Melonenblätter unter sie, damit sie nicht beschädigt würde. Man bettete sie auf lange Stangen. Dann trug man die hohlen Röhren auf den Schultern ins Lagerhaus.

Das Gurken-Kürbis-Melonen-Lagerhaus lag gleich hinter der Stadtmauer, neben dem Kürbistor, damit man es nicht zu weit zum Hafen hatte, wenn aus- oder eingeladen werden mußte. Heute stand das Kürbistor so weit offen wie ein geöffneter Rachen. An der Kürbismole im Hafen schaukelte der Seefalter - da sahen die Gurkonier, daß die goldene Gestalt nicht aus dem Himmel zu ihnen gekommen war, sondern übers Meer.

Sie trugen die Teile Scheppertonnes ins Halbdunkel

des Gukürmel-Lagerhauses. Hier herrschte immer eine schattige Kühle, damit die Früchte nicht so rasch faulten. Es duftete würzig und saftig. Am liebsten hätten die tüchtigen Männer sich erst einmal gestärkt. Jedoch Paprikel untersagte es ihnen. Er sah schlimme Zeiten kommen - es war gut, Lebensmittelvorräte zu haben. Er ließ auch das Kürbistor schließen und auf der Stadtmauer auf den gewaltigen Balken des Kürbisbaumes Beobachter postieren, die mit Pfeil und Bogen bewaffnet waren.

Scheppertonne wurde ins Stroh gelegt - ihr Kopf so weit von ihrem Leib entfernt wie nur möglich. Damit die zwei Teile nicht etwa von ganz alleine zusammenwuchsen.

Danach ließ Paprikel das Gukürmel-Lagerhaus schließen. Er schickte alle Männer und Frauen, die nicht Wache halten mußten, in die Kürbis- und Melonenhäuser.

König Gurkigel aber und er begaben sich ins Schloß. Dort schaute der König aus dem Fenster auf den Wassermelonensee und schlürfte stärkenden Zuckermelonensirup. Manchmal ließ er auch Paprikel einen Schluck aus der Flasche nehmen. Im übrigen lauschte er den Ratschlägen seines scharfsinnigen Beamten. Er lauschte ihnen stundenlang, ohne irgendeine Folgerung daraus zu ziehen.

Schließlich schlief er ein.

Und Paprikel ging nach Hause - über die Kukumerbrücke.

Wie immer, wenn ihn die Gedanken nicht ruhen

ließen, begab er sich in seine Werkstatt, setzte sich hinter den Schraubstock und ließ seine flinken Finger arbeiten. Das beruhigte ihn.
Gerade hatte er wieder eine Erfindung beendet: einen unendlich langen, haarfeinen Faden, fast unzerreißbar. Er wickelte sein Ende um ein Stückchen Korken und spulte ihn am Spinnrad auf. Viele Kilometer. Und trotzdem entstand nur ein kleiner Ball! Ein wunderbarer Faden war das. . .

Im Vogelhorst

Der glutrote Vogel trug Junker Hohlkopf so leicht davon wie ein Spielzeug. Dieser sah bald ein, daß sein Widerstand zwecklos war - wenn ihn der Vogel fallenließ, dann blieb er zerschmettert und mit auseinandergerissenen Gliedern in einer wüsten, einsamen Gegend liegen.
Da wartete er lieber ab, bis er festen Boden unter den Füßen hatte.
Der glutrote Vogel trug ihn in sein Nest. Er überflog Wälder, Hügel, Ebenen, Vulkane und Schluchten. Und dann überflog er das Meer. Endlich gelangte er an einen sehr steilen, schroffen Felsen, der wie ein Zeigefinger aus dem Wasser aufragte. Wogen schäumten gegen die Granitbrocken. Aber hoch oben vernahm man es kaum.
Der Morgen dämmerte, als der glutrote Vogel seinen Horst erreichte. Er sah aus wie eine zerfallene Seeräuberfestung. Er lag auf einem ebenen Plateau und

war ein Gewirr aus Steinen, Mauerresten, unterirdischen, halb zerfallenen Gängen, Brunnenschächten und Kellergewölben. Aus Ästen hatte sich der glutrote Vogel seine Schlafstätte geflochten.
Junker Hohlkopf wurde abgesetzt. Sofort riß er sich zusammen. Müdigkeit kannte er ja nicht. Er packte sein Schwert. Allerdings befand er sich in einer verzwickten Lage: wenn er den glutroten Vogel angriff und tötete: wie kam er dann jemals von diesem hohen, von Wasser umgebenen Felsen hinunter - unter Menschen?
Vielleicht jedoch brachte ihn das riesenhafte Raubtier selbst zurück, wenn es entdeckt hatte, daß er nicht eßbar und keine nahrhafte Mahlzeit war.
Aber der glutrote Vogel dachte nicht daran, ihn zu verspeisen. Er reckte sich vor Junker Hohlkopf auf und krächzte: „Wieviel bist du den Gurkoniern wert?"
„Viel, sehr viel!" prahlte der Junker.
„Bist du eines ihrer Kinder im Sonntagskleid?"
„Nein! - Ich bin mehr, viel mehr ! - Kämpfe mit mir!"
Der glutrote Vogel schüttelte den Kopf. Er breitete die Flügel weit aus und schlug mit ihnen - wie wenn er eine Übung machte. Er sagte: „Mit dir kämpfe ich nicht. Nur wenn dein Vater käme und dich so sehr liebte, daß er für dich sein Leben einsetzte . . . ." Er sprach nicht weiter. Er beobachtete die Wirkung seiner Worte auf sein Gegenüber.
Junker Hohlkopf erschrak. Sein Vater . . . Don Blech? Wenn das die Bedingung war, dann war er verdammt

für alle Zeiten, der Gefangene des Vogels zu bleiben. Er setzte sich auf einen Stein. Da der glutrote Vogel ihn nicht angreifen und nicht mit ihm kämpfen wollte, brauchte er auch nicht mehr auf der Hut vor ihm zu sein. Er überlegte lange. Und der Vogel lugte ihn aus engen Augenschlitzen aufmerksam an. Endlich öffnete er seinen Schnabel, um zu fragen: „Hast du etwa keinen Vater, der für dich sein Leben wagen würde?"
Junker Hohlkopf wollte aufbrausen und rufen: „Natürlich!" Aber er schwieg. Dann kam ihm ein Gedanke: „Du hast den Falschen geholt!" sagte er. „Bringe mich zurück zu den Gurkoniern und hole das andere goldene Wesen. Dann will ich dir folgen, dich aufspüren und um es kämpfen - wie du es wünschst!"
„Das andere goldene Wesen?" fragte der Vogel.
„Genau das... Ich bin sein Vater!"
„Wahrhaftig? - Ich werde es mir überlegen."
„Du mußt aber darauf achten, daß es vollständig ist. Sein Kopf und sein Rumpf müssen zusammengefügt sein, sonst ist es wertlos."
„Es ist dein Kind, und du würdest für seine Befreiung kämpfen?" fragte der glutrote Vogel nochmals.
Junker Hohlkopf nickte.
„Nun -", krächzte der Vogel, „wir werden sehen. Heute kann ich nichts mehr tun." Er schaute den Junker mit schiefgelegtem Kopf und hängendem Schnabel an, wie ein Enttäuschter. Wie leicht wäre es ihm gewesen, Junker Hohlkopf mit einem Flügelschlag zu Boden zu schmettern. Aber er hatte nichts dergleichen im Sinn. Irgendein unerklärliches Geheim-

nis, ein Schicksal oder ein Zauber waltete über ihm. Endlich raffte er sich zusammen. Seine Gestalt straffte sich, seine Brustfedern sträubten sich. Er machte einen Satz auf Junker Hohlkopf zu und packte ihn mit dem Schnabel an der Blechbüchsenrüstung. „Ich verliere meine Zeit mit dir! Ich traue dir nicht!" brachte er heraus. „Die Unterhaltung führt zu nichts. Ich muß arbeiten! Ich werde dich einsperren und mir überlegen, was ich mit dir mache. Zunächst kommst du in eines meiner vielen Kellergewölbe. Ja, mein Horst hat mehr Verließe, als du ahnst. Dort wirst du im Dunkeln sitzen und über dein Schicksal nachdenken. Die Tür ist aus dickem Holz. Wenn du etwas brauchst, so klopfe . . . was ißt du? Gurken wie die Kinder, Melonen und Kürbisse?"

„Nichts von alledem. Ich esse überhaupt nichts!" rief Junker Hohlkopf.
„Nichts? Dann trinkst du um so mehr?"
„Nein, ich trinke auch nicht!"
„Du willst mir nur imponieren!" rief der Vogel, „Du wirst schon noch Hunger und Durst bekommen!" meinte er dann, schnappte zu und schleifte ihn ohne sonderliche Mühe hinter sich her. Er stelzte über Stock und Stein, über unebenen Boden, Löcher und Geröll. Junker Hohlkopf schepperte und schlingerte. Seine Rüstung wurde noch unansehnlicher, zerkratzter, beuliger.
Der glutrote Vogel schleppte ihn durch einen Hohlweg, in einen zerfallenen Gang. Am Ende - im Dunkeln - befand sich eine schwere Eichentür. Der Vogel öffnete sie und schubste Junker Hohlkopf in einen engen, runden Raum. Nur ein winziges Fenster im zerfallenen Mauerwerk ließ spärliches Licht herein.
Der Fußboden war feucht, ein wenig Stroh lag zu Haufen geschichtet.
„Das ist meiner unwürdig!" protestierte der Junker. Der Vogel ließ ein krächzendes Lachen hören. Er stieß den goldenen Junker so kräftig hinein, daß dieser gegen die Wand knallte und auf einem Strohbündel liegenblieb.
Der Vogel ging schwerfällig hinaus. Er schloß die Tür, schob den Riegel vor - und dann war Junker Hohlkopf allein. Er wußte nicht, was er von dem seltsamen Betragen des Vogels zu halten hatte - nun,

vielleicht kam er ja von seinem nächsten Flug nach Gurkonien mit Scheppertonne wieder.
Der Vogel watschelte durch den düsteren Gang hinauf ins Freie. Hier, wo er nicht fliegen konnte, wirkte er plump und wenig beweglich. Er strich an der Mauer entlang, ging dann durch ein Gewirr hoher Felsbrocken, vorbei an einem Treppenabgang, der tief in den Felsen hinabzuführen schien. Er kam in einen anderen Teil des ausgedehnten Horstes. Dort erhob sich ein großes, jedoch morsches Tor. Eine breite und hohe Mauer trennte eine Art Hof, einen ungepflegten Garten - ähnlich einem Pferch für Tiere - von dem Teil ab, in dem der Vogel lebte.
Der glutrote Vogel spannte seine Flügel aus, er schwang sich empor auf die Mauer und von dort auf die oberste Wölbung des Tores. Er schaute in den Hof hinab. Wie er so dasaß, sah er aus wie die Wappenfigur eines mächtigen Herrscherhauses.
Im Gegensatz zu der Öde und Leblosigkeit des übrigen Vogelhorstes kam sofort Bewegung in den Pferch. Zusammengedrängt wie Lämmer standen, lagen und saßen hier die Gurkonierkinder, die der glutrote Vogel bisher geraubt hatte. Jetzt sprangen sie auf. Ein vielstimmiges Jammern und Weinen gellte dem Vogel in die Ohren.
„Ja doch - ja doch. . .", kreischte dieser, um den Lärm zu übertönen, „es ist doch nicht meine Schuld, daß eure Eltern euch so wenig lieben!"
„Wir wollen nach Hause!" riefen die Kinder. „Und wir haben Hunger!"

„Schon wieder Hunger?" fragte der glutrote Vogel. „Ihr seid Vielfraße! Wo soll ich nur all die Gurken und Melonen für euch finden? Ich kann nichts anderes mehr tun als sie zusammensuchen und heraufbringen!"
„Wenn du uns nach Hause brächtest, brauchtest du uns nicht zu ernähren!" rief ein kleiner Junge. „Du sprichst von Dingen, die du nicht verstehst!" rief der Vogel. „Immer wieder warte ich auf einen tapferen Mann eures Volkes, aber vergeblich! Sie jammern und rufen seltsame Götter an, anstatt etwas zu tun!" Der Vogel seufzte und flog davon. Er brauchte mehrere Stunden, um vom Festland genügend Nahrung für die hungrigen Gurkoniermäulchen herbeizuschaffen, Früchte und Beeren aus dem Wald - wenn er Glück hatte, auch einige Wildgurken.

Die Seefahrer

In dieser Zeit segelte Don Blech, er segelte und segelte. Schon drei Wochen war er nun mit seinen Begleitern unterwegs. Knallbunt leuchtete das Segel im Tageslicht. Dunkel stand es nachts über dem Boot und verdeckte die Sterne. Es bauschte sich: König Wididniks Drache machte gute Fahrt. Und doch kamen sie nicht schnell voran - denn Don Blech steuerte das Boot bald hierhin, bald dorthin. Er wollte ja keine Küste erreichen, sondern ein anderes, führerloses Boot sichten.

Stolz sah das Wikingerschiff aus mit dem geschwungenen Stevenbart. Genausostolz reckte der Stier Schmuser seine Hörner empor. Auf dieser Reise hatte er sich ans Seefahren gewöhnt, ihm wurde nicht mehr übel. Er fühlte sich so wohl wie ein erfahrener Seebär. „Schade, daß du keine qualmende Pfeife rauchst!" neckte ihn deshalb Tura, „das müßte fabelhaft aussehen."

Don Blech stand in der roten Pluderhose am Steuerrad. Oft träumte er mit offenen Augen vor sich hin. Dann sah er Tausende von Schmetterlingen leicht über die Wasserfläche flattern. Oder das Ufer der Schmetterlingsinsel stieg in seiner Phantasie am fernen Horizont auf.

Der Wind sang leise Lieder - und leise trompetete Donito in den Wind - wie auf der Herfahrt zur Didnikinsel. Der Bub lehnte sich mit dem Rücken an die braunen Futtersäcke. Sie waren ausreichend mit Lebensmitteln versorgt, denn der Hadnik hatte sich ums Einladen gekümmert. Das gehörte zu seinen Obliegenheiten als Wirt des Didnikkruges.

Der kleine Gnom mit dem unternehmungslustigen Kinn hockte im Hinterschiff auf der Bank, dicht bei Don Blech. Er ließ sich begeistert die Brise der Weltmeere um die Nase wehen. Er war glücklich. Endlich kam er einmal hinaus in die weite Ferne, ins Unbekannte, ins Abenteuer. Er grölte oft frohe Lieder. Zum Beispiel solche, die sich aus der alten Wikingerzeit auf der Insel erhalten hatten, wie das kriegerische:

„Schärft die Axt –
Feindknochen knackst!
Schädel zerspringt,
Wikingerschwert singt!"

Don Blech gefiel dieser Text nicht. Aber er mochte dem netten Kameraden die gute Laune nicht verderben.

Manchmal versuchte der Hadnik auch die Melodien zu lernen, die Donito so gefühlvoll blies.

In den schäumenden Wogen tummelte sich Nassi. Unbekümmert und immer gut gelaunt, schwamm das Seeungeheuer bald vor, bald hinter, bald neben dem Schiff her. Sie hatte einen ewig ungestillten Hunger auf Muscheln, Honigbonbons oder Kaugummis. Sie tauchte unter und tauchte auf, sie spielte mit den Wellen, sie versuchte, ein fliegender Fisch zu werden. Es gelang ihr nicht. Das Wasser perlte von ihren langen, wirren Haaren. Wer sie nicht kannte, auf den mußte sie erschreckend wirken. Aber alle an Bord liebten sie. Und sie liebte alle. Auch mit dem Hadnik, dem falschen Honigbonbonversprecher, hatte sie sich ausgesöhnt: Was soll' s? Ärger macht häßlich!

Hoch oben flatterte der Vogel Tura mit seinem farbenfrohen Gefieder, der prächtigste von allen. Er flog schwatzend bald hierhin, bald dorthin, übermittelte Nachrichten von Nassi zu Don Blech – und umgekehrt.

Manchmal stieg er so hoch in den Himmel auf, daß er das Meer weit überblicken konnte, um nach dem Seefalter Ausschau zu halten.

Aber er sah kein Segelschiff, kein Land, keine Küste, keinen Strand, keine Palmen, keine Berge.
Da Don Blech mit König Wididniks Drachen jedoch genauso ziellos dahintrieb wie vordem der Seefalter, nahm auch er ziemlich genau dessen Weg. Nur den einsamen Strand, an dem Kürüküfüzüks stille Hütte stand, den berührten sie nicht.
Bis Tura eines schönen Morgens wieder ausflog - und nach einer Stunde aufgeregt wiederkehrte.
„Eine Küste!" krähte er.
„Indien oder Amerika?" fragte der Hadnik. Er hatte die Zeit des Zusammenseins mit Don Blech dazu benutzt, fleißig menschliche Geschichte zu lernen. Als Bewohner der Didnikinsel war er ein begeisterter Anhänger der Wikinger und vertrat die Ansicht, daß diese Amerika als erste entdeckt hätten - und nicht etwa Christoph Columbus.
Es war aber weder Afrika noch Amerika, noch Indien oder Australien. Auch Nekaragien war es nicht. Tura plapperte atemlos: „Es ist ein Land mit einer Stadt, die aussieht wie ein Gemüsebeet. Ich würde sagen, vielleicht wie eine Plantage von Gurken, Kürbissen und Melonen. Die Stadt liegt am Wasser. Es ist eine Hafenstadt. - Und was meint ihr wohl, was im Hafen schaukelt?"
„Eine Kiste mit Honigbonbons?" fragte Nassi – „Oder drei, acht, fünf, sieben, zehn..?"
„Wie kann man nur so verfressen sein!" Tura war empört.
„Man kann!" sagte Nassi.

Und dagegen war kaum etwas einzuwenden. Trotzdem meinte Tura: „Du übertreibst deine Naschhaftigkeit ein wenig”. . .
„Also was liegt im Hafen?” fragte Don Blech ungeduldig.
„Das versuche ich ja eben zu erklären: im Hafenbecken liegt der Seefalter. . .”
„Und. . ? Sind noch alle Blechteile drin?”
„Er ist leer!”
„Ach – ”, rief Don Blech unglücklich. „Unheil über Unheil. Junker Hohlkopf und Scheppertonne sind wieder zusammengesetzt worden und treiben ihr Unwesen!”
„Das kann man aber nicht essen, dieses Unwesen, oder?” fragte Nassi.
Don Blech schwieg. Und Tura sagte: „Erinnere dich bitte, daß ich immer dagegen war, daß du die Standbilder machtest – aus reiner Eitelkeit.”
„Ich weiß, ich weiß!” murmelte Don Blech.
Doch der Hadnik tröstete ihn. „Ich finde sie trotzdem schön! Und wenn wir auch viel Blech mit dem Ärgerkönig – ich meine: viel Ärger mit dem Blechkönig gehabt haben, aufregend war es doch. Ohne ihn hätte ich euch nicht kennengelernt und nie diese schöne Reise gemacht!”
„Recht hat er – ausnahmsweise!” meinte Nassi. Sie strich sich die triefenden Seeungeheuerhaare aus der Stirn. Man näherte sich dem Land, da mußte sie sich feinmachen. „Recht hat er. Und ich verspreche euch, daß ich diesmal sein Schiff nicht wieder ins Meer

schubse, wenn du die beiden auseinandergenommen und eingeladen hast!"
„Wir haben sie ja noch nicht!" seufzte Don Blech.
„Und wir werden sie auch nicht so leicht kriegen!" rief Tura. „Die Stadttore sind nämlich verschlossen, und auf der Mauer stehen verschrumpelte, kleine Wärter mit Pfeii und Bogen. . ."
„Schrecklich!" rief Don Blech. „Junker Hohlkopf kann es nicht lassen, aus friedlichen Menschen grimmige Krieger zu machen."
„Jawohl, und Kronäte und Arbeitsgruppen!" bestätigte der Hadnik aus eigener, bitterer Erfahrung.
Doch Nassi sah der Zukunft frohen Mutes entgegen: „Das macht alles nichts! Wir werden die Stadt erobern und alles Süße ausplündern, ratzekahl! In Städten gibt es ungeheuer viel zu naschen! Wann sind wir da?"
„In ein oder zwei Stunden - je nachdem, wie gut es der Wind mit uns meint."
Der Wind meinte es gut. Nach knapp einer Stunde segelte König Wididniks Drache in den Hafen der Stadt Gurkonia ein. Don Blech und Donito hatten die Blechbüchsenrüstungen angelegt, denn vielleicht empfing sie Junker Hohlkopf gleich mit einem Pfeilregen?

Alarm

In Gurkonia läutete es Sturm. Die Krumme Gurke zitterte, so heftig schwang die Kürbisglocke hin und her. Gleich drei Männlein zogen am Seil.
König Gurkigel hetzte aus dem Schloß. Sein schrumpeliges Gesicht war bleich. Der feuerrote Paprikel folgte ihm. Auch er sah im Augenblick nicht sehr scharf-

sinnig aus, denn er hatte seinen Verstand verloren, jedenfalls für den Augenblick.
„Zum Hafen - zum Hafen!" schallte der Ruf über den Kukumerplatz, die Kukumerbrücke, die Kukumerstraßen. Die Wächter brüllten.
Da eilte jeder, der Waffen tragen konnte, zur gewaltigen Stadtmauer aus den kräftigen Balken des Gurkenbaumes. Man kam mit Speeren, Pfeilen, Bogen und Spießen, mit Heugabeln und Sensen, mit Sicheln und Harken. Man erklomm die eilig aufgestellten Leitern und verteilte sich auf dem Wehrgang.
König Gurkigel - so ängstlich er auch war - konnte doch seine Neugierde kaum bezähmen. Zwar war er nicht bewaffnet, aber er drängte auf die Mauer, um dort das Kommando zu übernehmen oder es Paprikel zu übertragen, je nachdem, ob die Lage gut oder schlecht war. Im Gewimmel fand er keine freie Leitersprosse. In dichten Trauben drängten sich dort die Männer. König Gurkigel fistelte: „Platz, Platz!" aber umsonst. Er sauste von einer Leiter zur anderen. Endlich gelang es Paprikel, ihn energisch emporzudrängen.
Da bot sich allen, dem König, seinem Berater und der Gurkonier-Bürgerwehr ein herrlicher, aber auch einschüchternder Anblick: In den Hafen lief ein Schiff ein. Knallbunt leuchtete das geblähte Segel - und vorn standen zwei goldene Gestalten, eine kleine und eine größere. . .
„Gurko-Gurko ist zurückgekommen!" jammerte der König leise.

„Paprikel erbleichte.” Aber wer ist dann der Kleine?” fragte er bebend.
„Wozu bist du mein Berater, wenn du es nicht weißt!” zeterte Gurkigel der Rankige.
„Vielleicht ist es Klein-Gurkogelchen!” versuchte der scharfsinnige Paprikel zu scherzen.
„Was machen wir nur?” jammerte Seine Majestät.
„Zunächst abwarten, was sie wollen!”
König Wididniks Drache legte an der Kürbismole an. Nassi war nicht zu erblicken, Don Blech hatte sie gebeten, sich unter Wasser verborgen zu halten. Auch Schmuser versteckte sich hinter den Futtersäcken. Aber Tura flatterte über den Hafen, so hoch, daß ihn kein Pfeil treffen konnte.
Der Hadnik hielt sich in Bereitschaft, falls er gebraucht wurde zum Luft-Anhalten.
Donito trompetete. Er schmetterte herrlich. Er schmetterte noch, als er mit seinem Vater das Schiff verließ. Wie eine Kapelle, bestehend aus einer Trompete und zwei goldenen Trommeln mit Beinen, schritten sie nebeneinander her, über den Hafenplatz zum Kürbistor.
Das Tor war fest verschlossen. Daneben zog sich zwar der Schlangengurkenkanal vom Meer in den Wassermelonensee, doch ein Gatter versperrte den Schiffen die Durchfahrt.
Paprikel auf der Mauer grübelte: „Warum er wohl immer zu zweit kommt?” Er meinte den großen Gurko-Gurko – oder was sie dafür hielten.
Don Blech blieb stehen. Tschak – tschak! machte

die Rüstung. Täterätätä! schmetterte die Trompete –. Dann wurde es noch stiller als mäuschenstill. Die Gurkonier wagten kaum zu schnaufen. Man hätte den Flügelschlag eines Schmetterlings hören können. Bis Don Blech seinen Mund öffnete: „Gut Freund, liebe Leute!" rief er. „Wir sind friedliche Menschen und wollen euer Bestes!"
„Er ist ein Mensch?" wunderte sich der König. „Ist Gurko-Gurko denn kein Gott?"
Paprikel schwieg, er wußte es auch nicht.
„Beherbergt ihr in eueren Mauern einen Ritter und ein Pferd?" fragte Don Blech.
„Liegt das Pferd weich?" fragte der König seinen Berater ganz leise, er wollte sich nicht den Zorn des mächtigen Wesens zuziehen.
Paprikel hielt es für das beste, nicht zu antworten. Er legte den länglichen Zeigefinger auf die Lippen. Und alle, alle hielten den Mund.
Don Blech zuckte in der Rüstung mit den Achseln – er machte noch einen Schritt auf das Tor zu. Da hob ein vorwitziger Junge den Bogen: wie von selbst schnellte der Pfeil ab. Er prallte auf die Büchse. Dann fiel er zu Boden.
Don Blech hatte nichts gespürt. Er pochte mit dem Fausthandschuh an das Tor. Einmal... zweimal... dreimal...
„Er kann nicht hinein!" frohlockte Paprikel. Auch des Königs Miene heiterte sich auf: immer deutlicher wurde es, daß die Goldmännlein nicht allmächtig waren. Da brauchte er wohl nicht länger auf der Mauer

zu bleiben. Hier war es ungemütlich, es zog, und er konnte sich nicht setzen. Er wollte ins Schloß.
„Ernenne mich zum Obergeneral - und überlasse alles Weitere mir!” schlug ihm Paprikel vor.
Und der König murmelte erfreut: „Einverstanden!” Wie schön, nun hatte er jemanden, der die Verantwortung trug und den er tadeln konnte, wenn ein Unglück geschah. „Wenn du besiegt wirst, lasse ich dich köpfen!” drohte er königlich. Dann begab er sich in seinen Palast.
Paprikel machte sich nicht viel aus der Drohung. Wenn er geschlagen wurde, hatte der König keine Macht mehr, ihn zu bestrafen. Außerdem siegte der neue Obergeneral der Gurkonier gerade: Don Blech drehte um. Er nahm den kleinen Donito einfach an der Hand, als ob sie zusammen spazierengehen wollten. So kehrten sie an Bord zurück.
Sie warteten die Nacht und die Dunkelheit ab. Sie beratschlagten leise miteinander. Don Blech wollte zu gern auskundschaften, ob sich Junker Hohlkopf in der Stadt befand. Das sollte Tura im Morgengrauen übernehmen.
Aber Don Blech hatte nicht mit dem Übereifer des Hadnik gerechnet. Der wollte nicht bis zum Morgen warten. Heimlich, damit es ihm niemand verbot, wollte er über die Stadtmauer fliepfen. Mitten in der Nacht. Ein kleiner Luftsprung ist das, dachte er. Es war auch nur ein kleiner Luftsprung. Im Finstern segelte er quietschvergnügt empor. Mit geblähten Backen überquerte er den Wehrgang. Dann mußte er

ausatmen - und landete mitten in einer Gruppe von Soldaten, die hinter dem Stadttor lagerten.
So verblüfft waren sie über den Besuch aus der Höhe, daß sie ohne zu überlegen zugriffen. Sie schnappten den Hadnik wie eine Fliege.
Der Obergeneral fiel vor Freude über diesen Erfolg fast rückwärts von der Mauer. „Festhalten!" befahl er. Doch dann überlegte er. „Wie konnte er denn hereinkommen? Das Stadttor war ja geschlossen! Sollte es doch ein himmlisches Wesen sein?"

Erkundung und Durchbruch

Paprikel schickte einen Burschen in sein Haus. Der sollte aus der Werkstatt ein Netz holen, ein zartgeknüpftes, und dennoch unzerreißbares Netz. Das war eine von Paprikels vielen, fabelhaften Erfindungen. Dieses Netz warf er über den Hadnik. Denn vielleicht ist er ein Schmetterling - dachte er. Oder sonst ein fliegendes Wesen. Und fliegende Wesen, seien es nun Schmetterlinge, Vögel oder auch Engel, hält man am besten mit Netzen fest.
So endete des Hadniks erstes mutiges Stoßtrupp-Unternehmen in unrühmlicher Gefangenschaft. Oh, halt die Luft an - dachte er, als er in den Fäden zappelte. Umsonst! Und er schämte sich. Auch umsonst.
Er schwebte zwar im Netz empor, als er einatmete. Er sah dabei zwar aus, wie ein Fesselballon beim

Start - aber das war auch alles. Die Gurkonier bewunderten ihn, doch ließen sie ihn nicht davonschweben. „Wer weiß, wozu wir ihn gebrauchen können!" brummte Paprikel. Er wußte es selbst nicht. Es erstaunte ihn überhaupt, daß der Hadnik den goldenen Figuren so gar nicht glich, eher ähnelte er mit seinem aufgepusteten, blutroten Backen jetzt ihm, dem tomatenroten Paprikel. Er beleuchtete ihn mit der hochgehaltenen Fackel lange und fragte: „Wer bist du, und was willst du?"
Um zu antworten, mußte der Hadnik ausatmen. Die Netzfäden sanken mit ihm hinab. Sie verbreiteten sich malerisch um seine Füße. „Mein Name ist

Hadnik", sagte er, „ich bin der Wirt des Didnikkruges, und begleite meine Freunde, um den Blechritter zu suchen, dessen Boot im Hafen liegt."

„Ha -", rief Paprikel. „Du lügst! Abführen! Wie kannst du jemanden suchen, der bei dir ist! Der Blechritter ist doch ebenfalls im Hafen, ich habe ihn selber gesehen. Nun - warten wir ab, was der Tag bringt. Führt den Gefangenen in das Gukürmel-Lagerhaus, bindet ihn fest!"

Als der Hadnik weggebracht worden war, setzte sich Paprikel auf einen Stein am Straßenrand. Er kratzte sich die schrumplige Haut und grübelte. Er fand die Lage verzwickt und wünschte, er wäre nicht Obergeneral. Vielleicht lieber Untergeneral - oder am besten gar kein General.

Dann kam der Morgen. Das Meer wurde bleifarben. Endlich stieg auch die Sonne auf.

Don Blech und Donito erwachten, sie gähnten und reckten sich. Nassi schlummerte noch auf dem Grund des Hafenbeckens. Schmuser kaute behaglich hinter den Säcken wieder, wie es eben Stiere tun. Und Tura träumte auf dem Segel.

Bis Don Blech feststellte, daß der Hadnik nicht da war. Da flog Tura davon über die Stadtmauer. Er sah die seltsamen Bewohner, er sah General Paprikel auf einem Stein sitzen und hörte ihn schnarchen, - der Gute war eingeschlummert. Tura segelte über die ganze Stadt. Er verschaffte sich einen genauen Überblick. Er prägte sich die Lage des Schlosses ein, des Anbetungstempels, der Krummen Gurke, des Wasser-

melonensees und der Straßen, Brücken und Plätze. Man beachtete ihn nicht. Zwar fürchteten die Gurkonier den glutroten Vogel, aber der war unvergleichlich viel größer als der kleine Tura. Und kleine, bunte Vögel gibt es in südlichen Ländern mehr als genug.
Tura fand auch das Gukürmel-Lagerhaus. Er schob den Kopf durch die Fenstergitter - und da sah er den Hadnik. Der schlummerte friedlich zwischen Kürbissen, Gurken und Melonen, bis zur Unkenntlichkeit eingewickelt, eingepuppt in ein Netz. Wächter hielten die Schnüre in den Händen - auch sie schliefen.
Tura schwirrte zu Don Blech zurück. Und ob er wollte oder nicht - Don Blech mußte sich entschließen, den vorwitzigen Freund zu befreien. Donito und er legten die Rüstungen an. Schmuser wurde höflichst gebeten, sich zu erheben. Zu dritt zogen sie vor das Stadttor. Donito blies Fanfare. Da wurde alles wach in der Stadt. Auch Paprikel. Don Blech begehrte Einlaß. Paprikel aber fühlte sich stark auf der Mauer: hatte er nicht schon einen Gefangenen gemacht? Allmächtig waren die Blechtonnen jedenfalls nicht.
Don Blech ließ ihm keine Zeit, tiefschürfende Überlegungen anzustellen. Er flüsterte Schmuser etwas ins Ohr. Schmuser senkte die Hörner, nahm Anlauf und preschte gegen das Tor.
Da - es splitterte wie Papier. Schmuser stolperte, er hatte größeren Widerstand erwartet. Er kollerte wie ein Ball in die Stadt. Als er liegenblieb, reckte er sein Haupt und stieß ein angsteinflößendes „Ööööö!!!” aus.

Die Erschütterung war so heftig, daß Paprikel auf den Hosenboden plumpste, hoch oben auf der Mauer, auf dem Wehrgang. Er ächzte: „Hilfe! Alarm!"
Umsonst! Ungehindert stolzierten Don Blech und Donito durch das zersplitterte Tor. Sie kraulten Schmuser dankbar. Und Tura flatterte vor ihnen her die Kukumerstraße entlang, vorbei an den Melonen- und Kürbishäusern, bis zum Kukumerplatz.
Friedlich spiegelte sich das Gurkigel-Schloß im Wassermelonensee.
Die Gurkonier liefen von allen Seiten zusammen. Die Krumme Gurke läutete aufgeregt. Paprikel trabte hinter den Eindringlingen her - und der König eilte aus dem Schloß.
Wieder kamen also zwei goldstrahlende Erscheinungen . . . und doch sahen sie ganz anders aus als die ersten beiden. Auch ein Tier mit vier Beinen war zwar bei ihnen, aber dieses war nicht golden - wie sollte man sich mit diesen Unterschieden bei aller Ähnlichkeit auskennen?
Der König und sein beratender Obergeneral faßten sich an den Händchen. Sie warfen sich vor Don Blech auf die Knie und flehten: „Gnade, Gnade!"
Don Blech blieb stehen. Donito und Schmuser verharrten ebenfalls. Die Kürbisglocke in der Krummen Gurke schwieg.
Stille lag über dem Platz. Verwundert schaute Don Blech sich um und auf die beiden Knieenden. Hoch oben, auf der Spitze der Krummen Gurke, saß Tura und äugte über Häupter und Dächer.

Don Blech murmelte aus seinem Helm: „Warum Gnade, ihr guten Leute?"
„Willst du nicht, daß ich dir den Kopf abmache und ihn deinem Begleiter aufsetze?" fragte Paprikel.
„Untersteh dich!" entfuhr es Don Blech. Er wußte ja nichts von Junker Hohlkopfs und Scheppertonnes Nöten. „Untersteh dich!" Er nahm seinen Helm ab und trocknete sich die Stirn, denn ihm war heiß.
„Oh –", rief Paprikel und es klang verzückt, begeistert, erlöst, „du bist ja innen gar nicht hohl, sondern rund und voll . . ."
„Das will ich meinen!" Don Blech lachte. Nun entledigte sich auch Donito seines Helmes und lachte mit ihm. Sie wußten jetzt genau, daß die Gurkonier Junker Hohlkopf kannten, denn sie hatten in sein Inneres geblickt.
Gerade wollte Don Blech zu einer längeren Rede ansetzen, da rauschte es im Wassermelonensee, Springfluten schwabbten über ein Haupt mit wirren Haaren, die Gestalt wuchs zu unheimlicher Größe, und dann quäkte sie: „Ach, hier seid ihr! – Und was sind das alles für lustige Leute?"
„Nassi!" rief Don Blech eindringlich. „Nassi, laß die Finger von ihnen! Es sind keine Honigbonbons!"

Ein zweiter König

Die Gurkonier zitterten. Mit offenen Mündern starrten sie die Erscheinung an, die aus der Mitte des Wassermelonensees aufgetaucht war. Sollte etwa sie der große Gurko-Gurko sein?
König Gurkigels des Rankigen Haut überzog sich mit feinen Warzen. Sie war von Natur aus schon nicht ganz glatt - aber jetzt ...
Und Paprikel der Scharfsinnige strich sich mehrmals über die Augen, um sich zu vergewissern, ob er nicht träume. Unsanft stubste der König ihn an und fistelte: „Wa-wa-warum sagst du nichts? Berate mich endlich!
Wozu bist du mein General? Greife an! - Was ist das überhaupt? Eine Wassergurke mit Heuhaaren?"
„Schon eher eine Wassermelone", murmelte Paprikel.
Don Blech befreite sie aus ihrer Verlegenheit. Er stellte das Seeungeheuer vor: „Sie heißt Nassi und ist unsere Freundin! Sie ist eines der nettesten Wesen, das ich kenne - aber sie ist schrecklich naschhaft!"
„Du meinst, man könnte sie füttern?" fragte Paprikel erheblich mutiger. „Füttern macht ja soviel Spaß."
„Ja, mit allem Süßen!" antwortete Don Blech.
„Mit Sirup aus Melonensaft?"
„Her damit!" plärrte Nassi. Sie platschte mit den Händen ins Wasser und schmatzte begehrlich. Alle duckten sich. Don Blech und Donito lachten. Sie lachten noch immer, als Paprikel und der König schon nebeneinander am Seeufer knieten und Nassi mit

süßem Melonensirup fütterten, abwechselnd, von goldenen Löffeln.
Der König war so entzückt, daß er Paprikel mit dem Löffel auf die Hand schlug und rief: „Geh weg! Ich füttere alleine!"
Meinetwegen, dachte Paprikel. Er stand auf, nachdem er sich die Hände im Wassermelonensee gewaschen hatte. Dann drehte er sich zu Don Blech um, dessen freundliches, vollmondähnliches Gesicht jede Sorge von ihm genommen hatte.
Dann unterhielten sich die beiden Männer wie alte Freunde. Und bald hatte Don Blech die ganze Geschichte erfahren: von dem glutroten Vogel, der die Kinder raubte, von Junker Hohlkopfs Erscheinen, von Scheppertonne im Gukürmel-Lagerhaus am Hafen - und von Junker Hohlkopfs Luftreise ins Unbekannte.
„Wenn er ihn nur behielte, der glutrote Vogel, und ihn in tausend kleine Teile zerlegte!" murmelte Don Blech. Aber durfte er das wünschen? Verfuhr dann der glutrote Vogel nicht vielleicht genauso mit den Gurkonier-Kindern? Plötzlich fiel ihm der seltsame Traum ein, den er auf der Herfahrt gehabt hatte. „Das gibt mir sehr zu denken!" murmelte er. „Dieser Traum war kein Zufall." Und es war selbstverständlich für ihn, daß er den glutroten Vogel, Junker Hohlkopf und nicht zuletzt die Kinder rasch finden mußte. „Ich werde euch helfen!" versprach er den Gurkoniern. Da jubelten sie ihm so herzlich zu, daß die Dächer der Melonenhäuser bebten.

König Gurkigel ließ Nassi allein. Er legte Don Blech die Hand auf die Schulter und erklärte: „Ich ernenne dich zu meinem Oberstengeneral!" Und zu Paprikel sagte er: „Du bist abgesetzt!"
Don Blech winkte ab. „General bin ich schon zu lange gewesen, mein halbes Leben. Das will ich nicht wieder sein."
„Recht hast du!" Paprikel nickte hinterhältig. „General wäre auch viel zu wenig für dich. Du sollst unser König werden. König Gurkigel tritt zurück. Hoch lebe der neue König! Er lebe hoch, hoch, hoch!"
„Hatte ich nicht gesagt, daß du abgesetzt bist?" zischte König Gurkigel. Die Gurkonier aber führten wahre Freudentänze auf. Da ließ König Gurkigel den Siruplöffel fallen. Wie ein ungezogenes, beleidigtes Kind zog er sich in sein Schloß zurück. Paprikel sah er überhaupt nicht mehr an. Er war sehr gekränkt und schmollte lange.
Don Blech fuchtelte mit den kleinen Händen. Er protestierte. Er wollte das hohe Amt nicht übernehmen. Aber Tura flog von der Spitze der Krummen Gurke herab, setzte sich auf seine Schulter und flüsterte ihm zu: „Tu' s solange, bis wir Junker Hohlkopf gefunden haben. Bedenke, wieviel Ärger und Auseinandersetzungen es dir erspart, wenn du nur zu befehlen brauchst!"
„Aber ich will nicht befehlen!" seuftze Don Blech.
„Befiehl vor allem endlich, daß der arme Hadnik aus dem Netz befreit wird!" sagte Tura. Und da sah Don Blech ein, daß er keine andere Wahl hatte. Kaum

äußerte er den Wunsch, den Hadnik an seiner Seite zu sehen, da flitzten die Wachen ins Gukürmer-Lagerhaus.
Fröhlich fliepfte der Hadnik bald darauf durch die Kukumerstraße. Er fiel Don Blech um den Hals - was er nur konnte, wenn er die Luft anhielt, denn dessen Rüstung war dick und mehr als hinderlich - er jubelte: „Ich wußte, daß du mich nicht vergessen würdest.” Und Don Blech schämte sich, denn er hatte ihn ja

doch vergessen, nur Tura hatte ihn erinnert. Er war überhaupt sehr vergeßlich.
„Und wer füttert mich jetzt?" fragte Nassi. „Ich fand den alten König so nett!"
„Ich auch!" sagte Don Blech. „Und deshalb will ich nur für kurze Zeit euer König sein, euer Nebenkönig, gemeinsam mit Gurkigel dem Rankigen. Wenn meine Aufgabe erfüllt ist, verlasse ich euch wieder. Bittet meinen Mitkönig aus dem Schloß!"
König Gurkigels Laune besserte sich, als er erfuhr, daß er nicht ganz und nicht für alle Zeiten abgesetzt war. Er hörte auf zu schmollen und ließ sich auf den Kukumerplatz begleiten - von seiner Leibwache. Er reichte Don Blech die Hand - und so zeigten sie sich den Gurkoniern zusammen. Nur Paprikel machte ein eher saueres als süßes Gesicht.
Aber Nassi ließ ihnen keine Zeit, sich ihren Gefühlen hinzugeben. Sie plärrte: „Sirup!"
Da hob Donito die Trompete an die Lippen und blies laut und feierlich. Und dann sagte er: „Laßt uns einen Plan machen, wie wir den glutroten Vogel finden. . ."
Kaum hatte er das gesagt, verdunkelte sich der Himmel.

Kluger Rat

Die Gurkonier stoben nach allen Seiten davon, sie suchten Schutz, wo sie ihn fanden, hinter Haustüren, unter Melonenbäumen, im Tempel. Sie nahmen ihre Kinder unter die Arme, um sie in Sicherheit zu bringen.

Auch König Gurkigel und Paprikel kollerten unter die nächstbesten Büsche.
Der glutrote Vogel rauschte über die Stadt. Mit weitgestreckten Schwingen segelte er über den Teich. Er schien in der Luft stillzustehen, dicht über Nassis wirren Haaren, in denen noch ein paar zersplitterte Stangen des Gatters hingen, mit dem der Schlangengurkenkanal gegen den Hafen verschlossen worden war.
Gleich würde sich der glutrote Vogel auf das Seeungeheuer stürzen - er schien verwirrt zu sein von so vielen unbekannten Gestalten. Doch Nassi war schneller. Sie tauchte unter, nahm das Maul voll Wasser - und als der glutrote Vogel niederfiel, spritzte sie ihn an - mit ziemlich viel Spucke, wie der Hadnik feststellte. Es kam wie aus einem Feuerwehrschlauch. Der Vogel schüttelte sich. Halbblind stieg er wieder auf. Aus seinem Gefieder rannen die Tropfen. Seine Verblüffung wuchs. Da war der Stier Schmuser, da waren Don Blech und Donito, da war der Hadnik - und diese hatte er alle hier noch nie gesehen.
Tura verkroch sich im Tempel. Der Raubvogel war ihm unheimlich.
„Rettet euch - verbergt euch!" rief Paprikel unter dem Busch Don Blech zu. Donito aber schmetterte ein Kampflied, das dem glutroten Vogel in den Ohren schrillte. Unwillig schüttelte er den Kopf.
Don Blech traf rasch seine Anordnungen. Der Hadnik sollte sich unter Schmusers Bauch verkriechen. Der Stier reckte kampfesmutig die Hörner. Don Blech

nahm seinen Buben unter den Arm – ungeschickt sah das aus, denn die Rüstung war nicht für zärtliche Gesten geschaffen. Er rief dem glutroten Vogel zu: „Ich will mit dir reden!"
Der Vogel horchte auf. „Ist das dein Kind?" fragte er. „Hältst du dein Kind im Arm?"
„Es ist mein Sohn!" antwortete Don Blech.
„Ich werde ihn holen!" krächzte das Riesentier.
„Jetzt hört der Spaß aber auf!" quärrte Nassi. Sie tauchte wieder unter, um nochmals Wasser einzusaugen. Und Schmusers Halsmuskeln schwollen an.
„Komm herab, versuche es, ich werde es dir austreiben!" rief Don Blech dem Vogel zu.
Doch da flehte Paprikel: „Nicht hier! Wenn du ihn besiegst, sehen wir unsere Kinder nie wieder!"
„Wie finde ich deinen Horst?" fragte Don Blech den glutroten Vogel.
„Du kannst es nicht verfehlen, wenn du deinen Sohn suchst!"
„Ich lasse ihn dir nicht!" rief Don Blech. Die Spitze seines Schwertes funkelte.
Der Vogel krächzte. Es klang wie Triumphgeschrei. „Ich werde ihn mir holen, wenn du es am wenigsten erwartest!" Er drehte um und entschwand so schnell, daß Don Blech ihn weder nach dem Ergehen der Gurkonier-Kinder noch nach Junker Hohlkopf fragen konnte.
Das gesammelte Wasser floß aus Nassis Maul. Es quoll daraus hervor wie aus einer Brunnenfigur. „Dies ist aber ein Biest!" bemerkte sie treffend. Doch

gleich wandte sie sich wieder zum Gebüsch, unter dem König Gurkigel hockte. Sie plärrte: „Sirup!"
„So schnell kann ich nicht", stöhnte Seine Majestät. „Das alles ist viel zu aufregend für mich. Vielleicht setze ich die Krone doch solange ab, bis wieder friedliche Zeiten eingekehrt sind. Dann will ich gern König sein. Jetzt überlasse ich das Amt lieber unserem dicken Freund. Er scheint ja sehr geeignet dafür zu sein!"
Don Blech schüttelte unwillig den Kopf. „Nein!" rief er. „Du bleibst König. Du regierst hier, während ich euch verlasse, um den Vogel zu besiegen. Gewiß, ich möchte nicht kämpfen, es ist mir lästig. Es ist dumm. Aber ich kann nicht anders. Zum Frieden gehören nun einmal zwei!"
„Vergiß nicht, daß er mich erst rauben muß!" sagte Donito.
„Ach, Unsinn!" rief Don Blech, und diesmal schien er wirklich böse zu sein. „Warum soll ich dich in Gefahr bringen, was für einen Sinn hat das?"
Aber Tura kroch aus dem Versteck und bemerkte: „Es ist aber eine Bedingung des glutroten Vogels. Ich vermute, das gehört zu einer Art Zauber. Und wenn das Scheusal es verlangt, wird es wohl sein müssen - Vögel sind ja sehr unnachgiebig."
„Du mußt es wohl wissen!" brummte Schmuser. „Vielleicht könnte ich Donitos Rüstung anziehen und mich an seiner Stelle rauben lassen?" schlug der mutige Hadnik vor. Er wollte sich unbedingt als Held bewähren. „Mir gelingt es sicher leichter, dem Vogel

später zu entkommen. Donito kann ja nicht fliepfen, ich aber kann die Luft anhalten – und schwups! – bin ich entschwunden!"
„Das denkst du!" krähte Tura. „Aber er wird dich erwischen, vor Wut in der Luft zerreißen - und dann kannst du sie nie wieder anhalten, die Luft, meine ich!"
Des Hadniks Heldenmut bekam einen Knacks, er senkte den Kopf.
„Zu dumm, daß ich mich nicht so klein machen kann, daß ich in Donitos Büchse passe", brummte Don Blech. Und Tura meinte: „Du müßtest mindestens ein Jahr lang fasten, bis dein Bauch verschwunden ist."
Paprikel verließ sein Büscheversteck. Er rieb sich gedankenvoll die rotglänzende Nase - bis sie glühte. Endlich sagte er: „Warum muß denn überhaupt jemand in der Büchse sein?"
„Wie meinst du das?"
„Na, so: in der ersten Büchse war doch auch niemand, ich meine niemand, den man sehen konnte. Denn als ich dem Ritter den Helmkopf aufsetzte, war er innen hohl. Könnten wir nicht die Rüstung des kleinen Donito. . ."
„. . . ich bin nicht klein!"
„Oh, Verzeihung! Trotzdem: könnten wir nicht Donitos Rüstung genauso hohl auf den Platz stellen? Als Donito-Attrappe sozusagen: nur die Verpackung, ohne Inhalt. Den richtigen Donito verstecken wir solange im Gukürmel-Lagerhaus. Dann gehen wir um die leere Rüstung herum und reden so mit ihr, als ob sie

der echte Donito wäre: 'Na, wie geht es dir?' und: 'Kille-Kille' und: 'Möchtest du noch einen Löffel Sirup?'"
„Ja! plärrte Nassi."
Paprikel winkte ab. „Dich habe ich nicht gefragt!" Doch auch Donito war nicht einverstanden. „Ich bin doch kein Baby in der Wiege . . . kille-kille . . . wie blöd!"
„Du liegst ja im Gukürmel-Lagerhaus und kannst uns nicht hören!" beruhigte ihn Paprikel.
Don Blech grübelte.

Der Faden des Vertrauens

Er dachte lange nach. In seiner runden Rüstung schritt der neuernannte König hin und her. Er klapperte dabei fast so wie Junker Hohlkopf. Als er endlich zu Ende gedacht hatte, pflanzte er sich vor Paprikel auf, tippte ihm mit der Fingerspitze an die Nase und meinte: „In deinem Kopf sitzt ziemlich viel Klugheit! Deine Idee ist wirklich nicht schlecht. Nur: hast du dir auch überlegt, wie ich den glutroten Vogel mit der leeren Donito-Rüstung, mit der Attrappe meines Sohnes, finden soll? – finden muß ich ihn ja, sonst kann ich die Kinder nicht befreien."
Paprikel kicherte. „Ganz recht! Aber das ist nicht so schwer! Paprikel weiß Rat: wir machen es wie im Märchen. Hört zu: ich habe einen haarfeinen Faden erfunden – wie, verrate ich nicht. Das bleibt mein

Geheimnis. Aber den Faden gebe ich her. Ich habe ihn über ein Stückchen Kork gerollt, so ist aus vielen, vielen Kilometern ein winziges Knäuel geworden. Wir stecken es in die hohle Büchse und das äußere Ende binden wir irgendwo fest, vielleicht an der Krummen Gurke. Ja, das ist gut: gleich oben an der Kürbis-Glocke, damit sie Alarm schlägt, wenn daran gezogen wird. Und wenn nun der vermeintliche Donito in die Lüfte entschwebt, geschieht zweierlei ..."

„Dann spult sich der Faden ab, und die Glocke schlägt an!" sagte Tura. Damit nahm er Paprikel den

Höhepunkt, den Knalleffekt seiner Geschichte weg. Und darüber ärgerte sich der Scharfsinnige.
Don Blech aber sagte anerkennend: „Fabelhaft, fa-bel-haft!”
„Das finde ich auch!” quäkte Nassi. „Und nun können wir wieder zu angenehmeren Dingen übergehen. Ich schlage vor, wir veranstalten ein Festessen. Und um keine Zeit zu verlieren, beginnen wir mit dem Nachtisch.”
„Ach, diese Naschhaftigkeit ist zum In-die-Luft-Gehen!”rief der Hadnik – und ging in die Luft. Darüber staunten die Gurkonier. Sie hatten eine solche Fertigkeit nie gesehen. Als der Hadnik in ihre Gefangenschaft geriet, war es ja Nacht gewesen.
Paprikel klatschte in die Hände: das wollte er unbedingt auch lernen. „Kannst du es mir vielleicht beibringen, in Privatstunden?” fragte er den Hadnik. „Warum nur dir? Und warum Privatstunden?” König Gurkigel grollte. „Noch bin ich der Herr!”
„An die Arbeit!” bat Don Blech. „Unsere Donito-Figur mit dem Fadenknäuel im Bauch soll so schnell wie möglich hier stehen – und der glutrote Vogel darf nichts von unseren Vorbereitungen merken.”
„Ich finde zwar die Idee mit dem Faden gut – ”, meinte Donito. „Aber die Bedingung des Vogels ist doch nicht erfüllt, wenn er nur eine leere Büchse bekommt – nein, nein! Ich muß in ihr stecken!”
Darauf ließ sich Don Blech nicht ein. Er blieb dabei, daß sein Sohn sich keiner Gefahr aussetzen sollte.

Traute er sich selbst und Paprikels Erfindung doch nicht so recht?
Aber nun machten sie sich eifrig ans Werk. Donito schlüpfte aus seiner Rüstung, und Don Blech ließ ihn sofort ins Gukürmel-Lagerhaus bringen. Der Junge sollte dem glutroten Vogel nicht in die Krallen fallen.
Dann stellten sie die leeren Büchsen so auf die Stufen des Tempels wie eine Vogelscheuche auf dem Feld. Doch sollte diese Attrappe den glutroten Vogel ja nicht verscheuchen, sondern eben anlocken. Don Blech gab ihr Festigkeit, indem er abgeschnittene Äste hineinsteckte, die er mit Schnüren zu einem Kreuz verband. Bald streckte die Figur Arme und Beine, den Bauch und den Helm lustig in die Gegend.
„Also - es muß schon Nacht sein, oder der Vogel ist erblindet, wenn er dieses leere Blechgerippe für Donito hält!" bemerkte Tura. Er war nicht zufrieden. Er fand, daß die Figur auch dann Donito nicht ähnlicher wurde, als er ihr die Trompete auf das steif ausgestreckte Zeigefingerästchen hing.
Don Blech aber meinte, seine Arbeit sei sehr gut gelungen. Sie hatten ja nicht viel Zeit dafür gehabt. Man würde nun sehen, ob der Vogel sich täuschen ließ oder nicht.
Paprikel brachte das Wunderknäuel aus seinem Haus. Er ließ es in den Rüstungsbauch plumpsen. Tura nahm das Fadenende in den Schnabel, trug es empor, und wickelte es um den Klöppel der Kürbis-Glocke in der Krummen Gurke. Paprikel freute sich, wie leise

und geräuschlos sich das haarfeine Fädchen dabei abspulte. Ganz zart rumpelte es im Bauch der Donito-Rüstung.
„Das ist der Faden des Vertrauens!" sagte er. „Er heißt so, weil wir das Vertrauen haben, daß er uns in den Vogelhorst leiten wird, weil wir das Vertrauen

haben, daß er nicht reißt, daß er lang genug ist . . ."
Ja, dachte Don Blech, um dies alles zu glauben, brauchte man wirklich viel Vertrauen.
Nun - der Abend kam. Es war ein Vergnügen, um die Figur herumzutanzen, vor ihr den Hut zu ziehen, sie mit „Lieber Donito" anzureden - und was ähnliche Scherze mehr sind. Schließlich sagten sie ihr gute Nacht. Ob sie morgen noch dastand?
Nassi bekam noch einen Löffel Sirup - zum Einschlafen, als Betthupferl. Danach rauschte sie in den Hafen, sie schwamm den Schlangengurkenkanal entlang, wie sie auch in die Stadt hineingekommen war, aber nun brauchte sie kein Gatter mehr zu zerfetzen - es war schon kaputt.
Hinter dem Seefalter hatte sie sich im Schlamm eine Kuhle geformt, unter Wasser, im Meer. Da kuschelte sie sich hinein. Sie trällerte, denn es gefiel ihr in Gurkonia, der Sirupstadt. „Oh, wie wohl ist mir am Abend . . . huck . . . oh, ich glaube, ich bin innerlich ganz zusammengekleistert . . . vor Sirup. Morgen esse ich mal nur Miesmuscheln, um meinen Magen in Ordnung zu bringen."
König Gurkigel lud seinen Mitregenten ein, ebenfalls im Schloß zu wohnen, doch zog es Don Blech vor, weiter in König Wididniks Drachen zu schlafen, vereint mit seinen Getreuen, von denen nur Donito fehlte, aber der fehlte eben sehr.
Zur Vorsicht zog er seine Rüstung nicht aus. - Er schlief daher schlecht, sie drückte und zwackte überall.

Donito war allein im Streu, auf trockenen Blättern – im Gukürmel-Lagerhaus. Neben ihm lag still ein Teil von Scheppertonne: der Kopf. Er glänzte im Mondlicht – und Donito nahm ihn in den Arm, als sei er ein Teddybär. Gewiß, Scheppertonne war eigentlich nichts zum Liebhaben, aber sie war eben doch ein Stück Heimat, ein Werk seines Vaters.
Er schaute an die Decke, er schaute an die Wand. Er begann zu grübeln. Er kam auf sonderbare Gedanken. Bestimmt war es nicht gut, den Vogel zu ärgern. Und er würde sich ärgern, wenn er entdeckte, daß die Rüstung leer war. Dann würde er seine Wut an dem Nächstbesten auslassen, vielleicht an den Gurkonier-Kindern?
Außerdem schien es zu einem geheimnisvollen Plan zu gehören, daß Donito in seinen Horst kam. In allen Märchen müssen die sinnlosesten Bedingungen auf das genaueste erfüllt werden.
Und außerdem war Donito neugierig.
Und so dachte er schließlich nicht mehr nach, er stand leise auf, schlich sich im Mondschein an den Melonen- und Kürbishäusern vorbei, die Kukumerstraße hinab bis zum Kukumerplatz, die Treppe zum Anbetungstempel hinauf. Er zog die Stangen aus seiner aufgestellten Rüstung und schlüpfte selbst hinein.
Aber er achtete sorgfältig darauf, daß das Knäuel genügend Spielraum unter seinem Bauch hatte, damit es sich leicht abspulte.
Nur einmal schlug die Kürbis-Glocke in der Krummen Gurke ganz leise an. Es war nur, wie wenn ein Staub-

korn dagegen geweht wurde. Niemand in der Stadt Gurkonia hörte es.
Niemand in der Stadt - aber der glutrote Vogel. Donito schlief ein - der tapfere, kleine Ritter.

Nachtflug

Der glutrote Vogel kam. Drohend rauschten seine Flügel über die kugelrunden Dächer - leise wehten sie -, und das wirkte besonders unheimlich. . . gleich einem gespenstischen Heulen des Windes.
Die scharfen Augen des Raubtieres erspähten im Mondschein die blinkende Gestalt. Es stieß hinab - wie eine Sturmböe. Die Krallen packten zu - hinauf ging die Fahrt, wie von einer Schleuder, von einem drehenden Riesenrad mitgerissen.
Donito erwachte. Er fuhr zusammen - er erschrak, noch halb im Schlaf. Träumte er? Der scharfe Wind peitschte ihn hellwach. Über sich sah er die große, dunkle Gestalt, die weiten Flügel, deren Spitzen sich auf und ab bewegten, die den Mond und den Himmel verdeckten: Eine Gewitterwolke.
Sein Herz pochte wild. Seine Beine baumelten haltlos unten aus der Rüstung heraus. Ihr oberer Rand, der Blechbüchsenrand, preßte sich in seine Achselhöhlen. Er versuchte, sich mit Armen und Händen festzuklammern. Er versuchte, die Trompete nicht zu verlieren. Er packte auch sein kleines Schwert fester. Und er fragte sich, ob es wirklich klug gewesen war,

in die Rüstung zu kriechen. Wieviel gefahrloser läge er jetzt im Gukürmel-Lagerhaus. . .wie schön wäre es, wenn jetzt die Donito-Vogelscheuche, davongetragen würde.

Umsonst – es war nun einmal geschehen.

Da spürte er an seinen nackten Beinen ein leises, fast unmerkliches Kitzeln. Wie von einem Grashalm, wie von einem Insekt. Auch der Wind konnte es sein – doch plötzlich wußte er: es war Paprikels Erfindung, der Faden des Vertrauens, der sich abspulte und beim Abspulen an seiner Wade entlangstrich. Da fühlte er sich gleich wohler. Sein Herz beruhigte sich. Er lächelte in sich hinein: warte nur, Vogel! dachte er . . . mein Vater wird mir folgen und dich besiegen. Das erste wolltest du ja – aber das zweite . . ? Und er überlegte weiter, daß es für ihn darauf ankam, sich solange gegen den glutroten Vogel zu behaupten, bis sein Vater den Fuß in den Vogelhorst setzte.

Während er so dahinflog und auf- und abgeschwenkt wurde, konnte er die gräßlichen Krallen des Raubvogels genau betrachten. Sie waren ja neben seinem Gesicht, auf dem Rand der Blechbüchse. Wenn er wollte, konnte er sogar einmal kräftig hineinbeißen . . . aber nein, dann würde er ja ins Bodenlose stürzen. Das wäre sein Tod gewesen.

Unten legte sich der feine Faden des Vertrauens über die Baumwipfel, er spannte sich von Ast zu Ast, von Grashalm zu Grashalm. Er überbrückte tiefe Schluchten von Gipfel zu Gipfel.

Bis das Meer im Mondlicht aufleuchtete, silbern wie eine Schale. Donito war es, als würde er über ein Tablett getragen.
Da spürte er einen leichten Schlag an die Wade - der Faden des Vertrauens war zu Ende. Das Korkstückchen, um das er gewickelt war, stürzte, stürzte, stürzte . . . Es fiel ins Wasser. Und da tanzte es wie der Schwimmer einer Angelschnur.
Aber auch genauso winzig.
Gleich darauf war der Flug zu Ende. Der glutrote Vogel erreichte seinen Horst. Donito sah nicht viel: nur schwarze Schatten, Steine und Mauerreste. Unsanft ließ ihn der Vogel fallen.
Er kollerte, rollte in seiner Büchse wie ein gepanzerter Käfer. Und auf seinem Rücken blieb er endlich auch liegen.

Da war der glutrote Vogel, der jetzt nur tiefschwarz wirkte, auch schon bei ihm. Er drehte die Büchse hin und her wie einen Reifen. Er pochte mit dem Schnabel dagegen und rief: „Komm heraus, komm heraus, ich will sehen, ob du der Richtige bist!"
„Und wenn ich es nicht bin?"
„Dann zerhacke ich dich und fliege in die Stadt zurück – solange, bis ich den Richtigen finde!"
„Und wer ist der Richtige?"
„Ein Kind, für das ein Vater sein Leben wagt!"
Da dachte Donito, daß er der Richtige sei, und war glücklich.
Aber er schwieg. Er machte sich so klein, wie er nur konnte. Er zog den Kopf mit dem kleinen Goldhelm und die Füße in die Büchse. Bequem war das nicht, aber so fühlte er sich sicher. Er hörte das Klopfen des Schnabels wie Donnergrollen auf der Rüstung – dumpf und hohl klang es – beängstigend. Klopf – klopf – klopf. . .
Wie lange war das zu ertragen?
Die Nacht verging.
Sie verging auch in der Stadt Gurkonia. Hier hatte niemand den Raub wahrgenommen. Die Gurkonier schliefen beruhigt, von zwei Königen beschützt: doppelt beschützt hält besser.
Und König Don Blech schlief gut in König Wididniks Drachen, weil er Donito gut im Gukürmel-Lagerhaus schlafen wähnte – ein holder Wahn!
Am Morgen brach dann die Welt zusammen.
Zunächst tauchte Nassi aus dem Meer auf, sie schlüpf-

te aus ihrer gemütlichen Kuhle. Sie jammerte: „Oh, mein Bauch! Ich habe Alpträume gehabt ... etwas Großes, Füchterliches wälzte sich über mich, eine Flamme, o je, o je – und jetzt ist mir übel ... Öhhh –." Sie rülpste.
„Pfui!" rief der Hadnik. „Das mußte ja mal kommen! Du hast dich natürlich überfressen: übersirupt!"
„Schon möglich!" stöhnte Nassi. „Der verdammte Sirup ist ganz und gar unbekömmlich. Jedenfalls für zarte Seeungeheuermägen ..."
„Nun," sagte der Hadnik, „einen oder zwei Löffel könntest du sicher vertragen, aber gleich eimerweise!"
„Mein Magen ist eben eimerweise groß!" widersprach Nassi. Und damit hatte sie nicht einmal ganz unrecht.
Der gewissenhafte Tura war auch erwacht. Und nachdem er sein Gefieder geschüttelt und geputzt hatte, dachte er gleich an die Donito-Attrappe auf dem Kukumerplatz. Er flog deshalb dorthin – und kehrte ganz schnell zurück, um stolz zu verkünden: „Futsch ist futsch, und hin ist hin! – Und der Faden zieht sich über die Dächer der Stadt, fein und zart, nach Spinnwebart, hurra!"
Na, dachte der Hadnik, wenn der glutrote Vogel die Attrappe geholt hat, darf ich ja den richtigen Donito ungefährdet wecken. Er kann wieder zu uns kommen.
Der Hadnik hielt die Luft an, gerade, als Nassi noch einmal laut rülpste: so bekam er im Fliepfen einen Windstoß in den Rücken.
Das Gukürmel-Lagerhaus war bald erreicht. Rasch war er dort – und ebensoschnell wieder zurück.

Er rüttelte Don Blech, der es sich ein wenig zu gemütlich machte an diesem Morgen. „Donito ist verschwunden!" schrie er.
„Schnell!" kreischte Tura, „dreh um - ich fliege mit dir, komm! Zur Krummen Gurke! Ich bin zu klein und leicht, aber du kannst den Alarmkürbis kräftig läuten!"

Mehrfacher Auszug

Noch nie hatte der Hadnik so lange die Luft anhalten müssen, es erschien ihm, als rage die Krumme Gurke direkt in den Himmel. Doch überwand er seine Angst vor der schwindelnden Höhe. Für Donito wäre er selbst zu den Wolken emporgefliepft. Er atmete tief ein, so tief, daß ihm fast der Brustkasten platzte, er bekam purpurrote, geblähte Backen - und sie trugen ihn sicher empor zur Spitze der Krummen Gurke. Dort aber mußte er sich sofort an einer Verstrebung festhalten. Dann umklammerte er das Glockenseil und schwenkte es hin - und schwenkte es her - bis er selber auf der anderen Seite hinausgeschwenkt wurde...

Die Gurkonier stürzten aus den kugelrunden Häuschen. Sie sahen von der Höhe aus wie ameisenkleine, grünliche Wesen - wie rennende Tannennadeln. Sie liefen auf dem Kukumerplatz zusammen, sie kugelten vor Aufregung um- und übereinander. Der König kam aus dem Gurkigel Schloß, barfuß war er und im Gurkenblätter-Nachthemd, denn er hatte keine Zeit gehabt, sich ein Staatsgewand überzuwerfen.

Paprikel war da, aber ordentlich gekleidet: er hatte sich gar nicht erst ausgezogen, gestern abend.

Der Alarmkürbis dröhnte. Er gellte Tura und dem Hadnik in die Ohren. Daher vernahmen sie keine anderen Geräusche. Doch als sie meinten, nun hätte jeder das Läuten gehört, fliepften und flogen sie zum Kukumerplatz hinab. Nassi war schon durch den Schlangengurkenkanal zum Wassermelonensee geschwommen, ihre Haare wirkten womöglich noch wirrer als sonst.

Don Blech und Schmuser, der König und sein Berater,

Tura und der Hadnik - alle trafen sich auf der Treppe zum Tempel.
Als der Alarmkürbis nun schwieg, als Stille eintrat, verkündete Tura den befangen Lauschenden: „Der glutrote Vogel hat die Donito-Attrappe geraubt! Aber Donito ist auch weg, er liegt nicht mehr im Gukürmel-Lagerhaus. Wer hat ihn gesehen?"
Paprikel, der Scharfsinnige, schritt mit gesenktem Kopf dort herum, wo die Figur gestanden hatte. Er suchte den Boden ab. Seine Augen folgten auch dem Faden, der sich über den ganzen Kukumerplatz spannte, über das Schloßdach - und sich weit in der Ferne verlor.
Paprikel nickte gedankenvoll. Dann hob er zwei Hölzer auf und einige Äste, reichte sie Don Blech und fragte: „Diese hast du in die Rüstung deines tapferen Sohnes hineingesteckt, nicht wahr?"
Don Blech bejahte es. Sein Gesicht war tieftraurig... warum hatte Donito ihm das nur angetan?
Paprikel folgerte messerscharf: „So ist dein tapferer Sohn in die Rüstung geschlüpft. Wir hätten ihn besser bewachen sollen. - Er wollte geraubt werden wie unsere Kinder."
Die Gurkonier schluchzten voller Mitgefühl mit ihrem zweiten König laut auf. Und König Gurkigel schüttelte ihm teilnahmsvoll die Hand.
„Wohin führt der Faden des Vertrauens?" fragte Don Blech.
„Über die Berge...ins Land..."
„Also werde ich ihm ins Land folgen".

„Bist du bereit, Schmuser?"
„Ich bin es!" antwortete der treue Stier.
„Ich begleite euch!" rief der Hadnik. „Vielleicht darf ich manchmal auf Schmuser reiten, denn ich weiß nicht, ob ich tagelang die Luft anhalten und fliepfen kann."
„Natürlich!" brummte Schmuser.
Da ertönte ein schriller Schrei aus dem Wassermelonensee: „Und was wird aus mir?"
„Oh, Hilfe!" stöhnte König Gurkigel. „Unser Sirup ist verbraucht!"
„Ach, euer Sirup ist scheußlich, ganz scheußlich", rief Nassi. „Ich habe mir so den Magen verdorben. . . mir ist jetzt nur noch übel. Ich kann keinen Sirup mehr sehen, ohne mich gleich zu übergeben!"
„Da bin ich froh!" sagte der König. „Ich meine, ich bin froh, daß du keinen Sirup mehr möchtest. Auf dein Übergebenes lege ich keinen Wert!"
„Aber ich bin gar nicht froh!" jammerte Nassi. „Ich habe meine schöne Wohnung im Loch-Nass verlassen, um meinen Freunden zu folgen. Und nun wandern diese über Land. Ich bin doch so schlecht zu Fuß. Alleine bleiben will ich aber auch nicht."
Don Blech kratzte sich am Hinterkopf. Er war etwas ratlos. Der Helm rutschte ihm in die Stirn.
Paprikel aber wußte wieder eine Lösung. Vielleicht wollte er das gefräßige Ungeheuer auch nur loswerden! Er sagte: „Der Faden des Vertrauens ist sehr, sehr lang. Vielleicht führt er über die Berge und über das Land und schließlich wieder ins Meer?"

„Darauf kann ich mich nicht verlassen!" widersprach Don Blech.
„Du sollst ja auch über Land reiten. Es wäre aber gut, wenn jemand unser Reich auf dem Seeweg umkreiste, zusätzlich . . . möglich, daß ihr an der gleichen Stelle am Meer zusammenstoßt!"
„Aber ich will nicht ganz alleine umkreisen!" jammerte Nassi. „Ich bin noch so schrecklich wenig gereist!"
Da machte Tura folgenden Vorschlag: „Das ist doch

ganz einfach. Don Blech, Schmuser und der Hadnik folgen dem Faden über Land. Nassi umkreist Gurkonien im Meer - und ich fliege hin und her und halte die Verbindung zwischen euch und sorge dafür, daß ihr euch nie verliert!"
Da alle dies für eine kluge Idee hielten, verloren sie nun keine Zeit mehr mit langen Reden. Don Blech verließ Gurkonia auf Schmusers Rücken. Zwischen den Hörnern des Stieres saß der Hadnik. Er winkte leutselig nach allen Seiten.
Die Gurkonier begleiteten die Reiter. Sie wünschten Glück und warfen Kußhändchen - bis sie am Stadtrand zurückblieben. Sehr tapfer waren sie ja nicht.
König Gurkigel im zerrissenen Nachthemd hatte mit königlicher Zurückhaltung von den Stufen des Anbetungs-Tempels gegrüßt. Dann wandte er sich Paprikel zu und bemerkte: „Tapferkeit ist sicher eine gute Eigenschaft, aber man soll sie nicht von allen erwarten. Es gibt höhere Werte."
„Sehr richtig, Gurkestät!" stimmte ihm Paprikel zu. Doch es zuckte verächtlich um seine Mundwinkel. „Mut kann auch Dummheit sein."
Da plärrte Nassi aus dem Teich: „Ich entschwimme jetzt. Warum sagt mir niemand auf Wiedersehen?"
„Auf Wiedersehen!" rief der König. „Sirup brauchst du ja nicht mehr!"
Nassi verschluckte sich fast. Dann sagte sie: „Ich komme bestimmt wieder zurück - wenn mein Bauch sich wieder wohl fühlt." Und damit verschwand sie im Schlangengurkenkanal. Von dort steuerte sie ins

Meer hinaus. Ihre wirren, hellen Haare leuchteten noch lange zwischen den Wellen, ehe sie untertauchte, um sich zur Wegzehrung ein paar bekömmliche Muscheln zu sammeln.
„So . . .", brummte Paprikel. Er dachte heftig nach. „Ich habe eine Idee: Wir besteigen Don Blechs Segelschiff, das den wohlklingenden Namen König Wididniks Drache führt und stechen ebenfalls in See!"
„Du bist entlassen!" König Gurkigel empörte sich. „In einem Schiff mit einem so drachigen Namen segle ich nicht!" Er eilte in sein Schloß, um sich anzukleiden und danach auf seinem Sofa über die Schlechtigkeit der Untertanen nachzusinnen.
Das habe ich mir gedacht! grübelte Paprikel. Nun – dann segle ich eben alleine. Er stand jetzt ganz einsam auf dem Kukumerplatz. Und dann ging er in sein Haus, versah sich mit allem Notwendigen für eine lange Reise und bestieg am selben Abend wohlgerüstet König Wididniks Drachen.
In seiner Hand trug er aufgeschlagen ein Lehrbuch der Segelkunst, das er in den Stunden zwischen dem Morgen und dem Abend selbst verfaßt hatte – so scharfsinnig war er!

Entdeckungen im Vogelhorst

War Don Blech auch voll Kampfesmut ausgezogen, strahlte er auch Siegesgewißheit aus – sein Herz war doch schwer.

Längst hatten ihn die Gurkonier verlassen, waren am Stadtrand zurückgeblieben, winkten noch, riefen ihm nach, wünschten Sieg und glückliche Heimkehr. Jetzt ritt er immer tiefer in den düsteren Wald hinein. Und sein Haupt mit dem Blechbüchsenhelm hing tief auf der Brust. Unablässig mahlten die Gedanken:

wie geht es Donito ... lebt er noch ... ist er gesund, werde ich ihn jemals wiedersehen . . .?
Eine Träne rann über seine Wange, sie kitzelte, denn es war ja so schwer, sie abzuwischen in der Rüstung.
Der Hadnik ahnte nichts von der Betrübnis seines großen Freundes. Er schaute nicht zurück, er schaute voraus, den kommenden Abenteuern entgegen. Er ritt vergnügt auf Schmusers kräftiger Stirnplatte, benutzte die Hörner wie Armlehnen eines Sessels – und seine Beinchen baumelten gleich Zöpfen über das Haupt des treuen Tieres. Der Hadnik fand, das Reiten sei eine Wonne . . . die geballte Kraft unter sich, die reine Luft über sich. Und wie auf einer Schaukel bewegte er sich durch den duftenden Wald.
Der Hadnik begann zu trällern. Don Blech horchte auf. Er wunderte sich: wie war es möglich, daß jemand fröhlich war? Plötzlich nahm auch er die zahllosen Schmetterlinge wieder wahr, die zwischen den Ästen schwirrten. Er sah die Sonnenstäubchen flirren – er richtete sich auf, rückte seinen Helm zurecht und fühlte Zuversicht in sein Herz zurückkehren.
He, Schmuser: wir haben es eilig! Und Schmuser trabte. Wohin? Nun, immer dem haarfeinen Faden nach, der sich von Baum zu Baum spannte, und wie von einem dünnen Silberstift mit dem Lineal gezogen worden zu sein schien.
Don Blech hatte allen Grund zur Zuversicht. Donito war es inzwischen nicht so schlecht ergangen. Zwar hatte er Ängste in der Tonne ausgestanden, auf die

des Vogels Schnabelhiebe donnerten. Doch er hielt sich die Ohren fest zu und bemühte sich, an angenehme Dinge zu denken, an Kinderfeste und Zirkusvorstellungen. Der glutrote Vogel rollte die Büchse herum, er versuchte, Donito mit den Krallen herauszuziehen - wie eine Wurst aus der Konservendose. Umsonst! Er fand nirgends Halt an der Rüstung.

Als der Morgen dann kam - denn es war ja Nacht gewesen, als sie den Vogelhorst erreicht hatten - ließ er von Donito ab. Er schlurfte mit seinen ungeschickten Schritten, fast taumelnd, in sein Nest, um zu schlafen.

Donito wartete, bis der glutrote Vogel sich entfernt hatte. Dann traute er sich, aus der Büchse zu lugen. So ungefähr wie ein Schmetterling aus seiner Puppe, schlüpfte er aus seiner Rüstung: Er streckte auch seine Beine hinaus, er rollte sich gegen einen Stein, stützte sich ab und rappelte sich auf.

Sein erster Gedanke galt den Gurkonier-Kindern. Er streifte leise durch den Horst. Er kletterte über Felsen, kroch durch Gräben. Er gelangte in den zerfallenen Gang. Es wurde dunkel. Sein Herz klopfte. Er stieß auf eine verschlossene Holztür. Sollte er sie zu öffnen versuchen?

Er rief leise: „Hallo!"

Er rief einmal, zweimal: „Kinder, seid ihr da?"

Da hörte er Blech scheppern. Er legte sein Ohr an das Holz. Auch innen lehnte sich jemand gegen die Tür. Aber Donito vernahm keinen Atemzug.

Da mußte Donito unwillkürlich lachen. „Ach, du

bist es, Junker Hohlkopf - alter Gauner, wieder hinter Schloß und Riegel? Sehr erfreulich - dafür kann man dem Vogel danken!"

„Laß mich heraus! Ich will dich töten!" drohte Junker Hohlkopf.

„Ich warte lieber, bis mein Vater kommt!" entgegnete Donito. „Jetzt habe ich Wichtigeres zu tun!" Er schlich den gleichen Weg zurück - ins Freie.

Junker Hohlkopf jedoch schwirrten die Gedanken wie Mückenschwärme im hohlen Kopf herum. Er wollte hinaus aus dem Loch! Sollte er denn hier Grünspan ansetzen - für ewig vergammeln? Andererseits: wenn Donito hier war, war auch der Vater nicht mehr weit. Und Don Blech besaß die gefürchtete Zange . . . Kopf ab - oder unendliche Gefangenschaft: das schien für ihn die Frage zu sein.

Donito bekümmerte das nicht. Er wußte ja nichts von solchen Überlegungen. Schon war er im Freien. Fröhlich begrüßte er das Tageslicht. Er nahm seinen Rundgang wieder auf.

Er fand die braunen Mauern mit dem großen Tor. Er vernahm Stimmen, er versuchte die Tür zu öffnen. Doch da es nicht gelang, kletterte er über herabbröckelnde Steine auf die Mauer. Er setzte sich auf ihren Rand und schaute drüben hinab: da waren die geraubten Gurkonier-Kinder. Zehn oder zwölf mochten es sein. Einige schliefen, die lagen im Gras. Sie sahen aus wie Gurken im Blätterkleid. Andere waren gerade erwacht. Sie blickten zu ihm empor, machten sich gegenseitig auf ihn aufmerksam - waren

teils neugierig, teils furchtsam, da sie ihn ja nicht kannten.
Bis Donito ihnen zurief: „Wie froh bin ich, daß ihr lebt!”
„Bist du ein goldener Käfer?” fragte der mutigste der Gurkonier-Buben.
Donito lachte leise. Er wollte den glutroten Vogel nicht wecken. „Ich heiße Donito –”, rief er hinab, „und bin ein Vorbote des Retters!”
„Endlich! Komm zu uns, mach uns die Tür auf, führe uns hinaus!”
„Allein vermag ich es nicht!” rief Donito. „Der glutrote Vogel ist stärker. Wir müssen warten. Aber nicht mehr lange, die Stunde der Befreiung ist nahe!”
Da rauschte es hinter ihm. Der glutrote Vogel kam, er packte Donito, diesmal griff er ihn. Er kreischte: „Großmaul! Schweige!”
Er trug Donito mühelos, wie eine Feder, hinauf auf einen hohen Turm. Der Turm war zerfallen, wie alles in dem Horst. Keine Treppe führte hinauf. So war auch kein Hinabsteigen möglich.
Nur die Aussicht war herrlich, über die Klippe und das weite Meer.
Der Vogel lachte und flog davon. Da lag Donito schutzlos unter der steigenden Sonne. Er schwitzte in seiner Rüstung. Hunger und Durst begannen ihn zu peinigen.
In solcher Lage vermochte er die schönste Aussicht nicht zu genießen.
Der Vogel aber begab sich wieder in sein Nest. In

sich zusammengekauert, sah er aus wie ein roter Stein. Einmal öffnete er sein Auge, es blinkte: Erwartung und Triumph standen darin.

Ein schwimmender Sahnebonbon

Ein anderer, kleiner Vogel schwirrte über Wiesen und über Baumwipfel. Er flatterte vom Wald zum Meer – und vom Meer zum Wald. Er zeigte Don Blech die Richtung, in die er reiten mußte, um dem Faden des Vertrauens zu folgen. Er schaute zur Sonne empor, um sich an deren Stand zu orientieren. Er flog über weite Strecken. Mal hatte er Bäume unter sich – dann wieder die blaue See.

Dort flog er oft lange herum, das naschhafte Ungeheuer suchend. Denn Nassi hielt sich viel unter Wasser auf, und da konnte er sie nicht sehen. War sie aufgetaucht, erkannte Tura sie rasch an ihren verstruwwelten, hellen Haaren.

„Hör mal", bat er sie. „bitte, tauch doch nicht soviel unter. Und bitte schwimm näher an der Küste. Ich bin schon müde genug vom vielen Hin und Her. Auf den Wellen kann ich mich nicht ausruhen, kann nicht auf ihnen schaukeln und schwimmen. Ich bin ja keine Möve!"

„Was passiert denn, wenn du ins Wasser fällst?"

„Ich fürchte, es würde mir schlecht bekommen. Ich probiere es lieber erst gar nicht."

„Probiere es doch, los, sei kein Feigling!" Nassi ver-

langte es nachdrücklich. Sie wurde zornig und maulte. Aber er blieb standhaft. „Womöglich verwechselst du mich mit einem schwimmenden Lutschbonbon”, rief er. „Du verwechselst und verschluckst mich!”
„Ich esse keine Lutschbonbons mehr!” quäkte Nassi. „Und dich würde ich bestimmt nicht dafür halten. Ich bin ja nicht blind. Du siehst viel eher aus wie der Federwisch zum Staubwischen. Und sicher schmeckst

du auch so stachelig. Ich habe mal aus Versehen einen gefressen!"
„Na - siehst du!" sagte Tura.
Tura wollte wieder ernst mit ihr sprechen. Die Zeit verging, sie machten ja keine Vergnügungsreise. Er erklärte ihr: „Du mußt immer dahin schwimmen, wo die Sonne sinken wird. Und bitte immer am Ufer entlang, so, daß du die Küste siehst. Dann wirst du bald die Gegend erreichen, wo auch Don Blech aus dem Wald kommt. - Sag mal, heißt es auf dem Meer auch ‚Gegend'?"
„Weiß ich nicht! - Wieso kommt Don Blech dann da aus dem Wald?"
„Nun, weil man auf der Erde immer wieder auf Wasser stößt, wenn man lange genug in der gleichen Richtung wandert, wandert - oder fliegt, fliegt, fliegt ..."
„Oder schwimmt, schwimmt, schwimmt!"
„Dummes Zeug! Wenn man schwimmt, ist man im Wasser, dann stößt man auf Land. Aber im Grunde ist es gerade das, was ich dir erkläre ..."
„Also kein dummes Zeug?" fragte Nassi mit runden Augen.
Tura wunderte sich selbst, denn vorhin war ihm Nassis Frage noch so töricht vorgekommen. Jetzt aber schüttelte er den Kopf. Das konnte alles und nichts heißen. Er beschloß, Don Blech zu fragen. Er sagte deshalb auf Wiedersehen und kehrte um.
Nassi schwamm immer weiter in die Richtung, in der die Sonne untergehen würde. Sie hielt sich auch immer in der Nähe des Ufers. Nur zeitweise tauchte sie

unter, um sich ein paar Muscheln zu suchen. Ihre Übelkeit war schon längst vergangen. Sie bekam gewaltigen Seeungeheuer-Hunger – was kein Wunder ist, da sie ja große Strecken zurücklegte.
Nach einer besonders reichlichen Muschelmahlzeit – es war am späten Nachmittag – stöhnte sie: „So – und nun habe ich wieder Appetit auf einen süßen Nachtisch. – Sicher bin ich nur deshalb so versessen auf Süßes, weil das Meerwasser so salzig ist. Und die Muscheln sind es auch! Ha, das ist doch sonnenklar! Und es ist überhaupt falsch eingerichtet, daß es im Meer nichts Süßes gibt, Zuckerrüben oder sowas . . ."
So kam sie an eine Stelle, die ungefähr in der Mitte zwischen einem großen Land und einem kleinen Land lag. Das kleine Land lag rechts von ihr – noch weit entfernt. Es ragte wie ein Zeigefinger in die Höhe. Und das große Land erstreckte sich links von ihr über den ganzen Horizont. Wie der Suppenteller eines unheimlich großen und gefräßigen Riesen – aus dunkelblauem Porzellan. Nassi dachte gerade, daß sie lieber nach links schwimmen wollte, weil das die Richtung war, wo die Sonne untergehen würde. Aber dann kam sie zu weit vom Land ab. . . sehr verwirrend! Da entdeckte sie einen winzigen, hellbraunen Gegenstand, der auf den Wellen schaukelte. Nanu, dachte sie, die Farbe dieses Dinges erinnert mich sehr an einen Sahnebonbon. Die Form ist auch ähnlich. . . warum sollte nicht einmal ein Sahnebonbon im Meer schwimmen? Natürlich – Fische essen ja keine! Mit

einem Sahnebonbon im Mund würde ich viel besser nachdenken können! – Und er ist so klein, er kann mir unmöglich schaden!
Sie nahm also das, was sie für den Sahnebonbon hielt, in den Mund. Es war wirklich sehr klein und eigentlich schmeckte es nach überhaupt nichts, es ließ sich nicht zerlutschen, es blieb, wie es war, ein bißchen elastisch, ähnlich wie Gummi ... und während sie noch ausprobierte, was es denn sein könnte, verschluckte sie es aus Versehen.
Nun, es war eben winzig, und ihre Gurgel war sehr groß.
Und dann kriegte sie einen Schreck! Denn – so zart er auch war: aus ihrem Mund hing ein dünner, unzerreißbarer Faden. Nassis Augen wurden wieder kugelrund. Diesmal aber vor Angst. Und dann würgte sie. Es klang wie Gurgeln, als sie schrie: „Hilfe, ich bin geangelt!"

Faden-Ziehen

Lange ritt Don Blech, bis er das Meer erreichte, durch unwegsames Gelände, in Glut und Hitze, durch Urwald und ödes Land. Dann aber lag es vor ihm – wie Tura es vorhergesagt hatte. Als er der schimmernden Weite ansichtig wurde, breitete er die Arme aus, dehnte die Brust im Blechbüchsenpanzer und jauchzte: bald war er bei Donito.
Auch der Hadnik jubelte. Er hielt vor Freude die

Luft an. Er fliepfte davon - ins Wasser. Er nahm ein erfrischendes Bad. Don Blech stieg von Schmusers breitem Rücken, ließ sich hinabrutschen und zog die Rüstung aus: Arm- und Beinschienen, Helm und Brustschutz. Er hatte darin geschwitzt - fast wie in einem Backofen.
Nun watete er in die See. Er schwamm und genoß die Kühle. Es wurde Abend. Heute konnten sie nicht mehr weiterreiten. Noch war es hell, aber die Sonne näherte sich schon dem Horizont.
Schmuser tappte ins Nasse. Behäbig trottete er, bis er die Kühle am Bauch spürte.
„Und warum gründen wir nicht gleich ein Erholungsheim?" fragte Tura. Er war ein wenig neidisch: Baden im Meer war nun einmal nicht seine Leidenschaft.
Don Blech prustete. Er tauchte auf. Er wischte sich die Tropfen aus dem Gesicht und sagte: „Über Nacht müssen wir hierbleiben, so schwer es mir fällt. Es ist aber besser, wenn wir morgen früh mit frischen Kräften aufbrechen. Nur: - wohin? Hier endet der Faden des Vertrauens im Meer."
„Wie du sagst ...", meinte Tura. „Schnurgerade und winzig klein oder vielmehr fein. Und im Meer endet er wohl auch, wenn er nicht schwimmen kann . . ."
„Aber Paprikel hat ihn um einen Korken gewickelt - und ein Korken schwimmt."
„Das tut er. Und das tut wohl auch dieser Korken. Aber wo ist er? Der Ozean ist groß, und der Korken ist klein - wo kann da der winzige Korken wohl sein. . . tralala!"

Der Hadnik fliepfte an Land. Er streckte alle viere auf dem Sand aus, zum Trocknen. Er meinte: „Wir brauchen uns nur die Richtung des Fadens merken. Vögel fliegen nämlich meistens ohne Kurven, den kürzesten Weg. Wenn wir also den Faden durch eine gedachte Linie verlängern, kommen wir genau dahin, wohin wir wollen."
„Sehr wahr!" bestätigte Don Blech.
Später lagen sie nebeneinander am Ufer. Und Don Blech bat Tura: „Fliege doch einmal geradeaus, über das Meer, immer weiter, solange es eben noch hell ist. - Ach, aber wie sollen Schmuser und ich denn hinüberkommen, an das Ufer, das du irgendwann findest? Warum habe ich das nur vergessen: ich brauche mein Segelschiff, König Wididniks Drachen, oder wir müssen uns ein Floß bauen. . ."
„Ich fliege und suche Nassi!" meinte Tura und stob davon.
Er flatterte über das Meer, immer geradeaus, sozusagen genau in die sinkende Sonne hinein. Und bald sah er einen dunklen Kloß, der eine kleine Insel sein konnte, der aber eine unglückliche Nassi war.
Sie schien ganz still im Wasser zu sitzen, den Mund weit aufgerissen, so, als ob sie ihre Zunge lüftete.
„Was machst du denn hier?" Tura ließ sich auf ihren langen hellen Haaren nieder, woanders fand er keinen Platz.
„Öch warte, bös öch an Land gezogen werde . . .", würgte Nassi mit schwerer Zunge heraus.
„Das verstehe ich nicht!"

Nassi wiederholte ihren Satz. Sie bemühte sich, die Lippen wenig zu bewegen und den Mund möglichst nicht zu schließen. Jetzt erst sah Tura, daß aus ihrem Mund ein Faden heraushing.

„Der Faden des Vertrauens", kreischte er. „Wieso ist er in deinem Bauch?"

„Da war so ein brauner Malzbonbon . . . und der schwamm im Wasser. . ."

„Und den mußtest du gleich in den Mund stecken?"

„Er hat nach gar nichts geschmeckt - höchstens so wie ein Fuß von dir . . . wie eine Vogelzehe . . . "

„Werde nicht beleidigend! - Nun, Korken schmecken nun einmal nicht. Wer hätte nicht schon einmal auf einem Flaschenkorken herumgekaut? Komm mit - ich glaube, Don Blech kann ihn dir wieder herausziehen . . ."

„Tut das weh?"

„Das weiß ich nicht. Mir ist noch nie ein Faden gezogen worden. Ich denke es mir ungefähr so wie Zahnziehen . . ."

Nassi heulte laut auf. Das konnte sie merkwürdigerweise ohne Behinderung.

Tura nahm den Faden des Vertrauens behutsam in seinen Schnabel, nachdem er ihn etwa fünf Meter aus dem Meer gezogen hatte. Nun hing er wie ein weit geschwungenes Ornament, wie ein sehr breites U aus Nassis Maul. Tura flog langsam vor ihr her - und sie folgte möglichst schnell, denn sie wollte nicht, daß es einen Ruck gab - einen Ruck im Faden und einen Ruck im Magen.

Sehr angenehm schwamm es sich so nicht.
Aber schließlich erreichten sie den Strand. Hier legte sich Nassi - halb im Wasser, halb in der freien Luft - in einigem Abstand nieder.
Tura reichte Don Blech den Faden. „Zieh - aber vorsichtig!"

„Wartet, ich helfe!" rief der Hadnik. Er fliepfte zu Nassi, ließ sich - wie zuvor Tura - auf ihrem Haupt nieder, beugte sich hinab und preßte ihr die Kiefer auseinander. „Streck den Hals!" rief er ihr zu - und da hatte Don Blech bereits gezogen. Mit einem Plopp! sprang der Korken heraus. Nassi würgte und sagte: „Noch nie war ich so froh, daß etwas wieder aus meinem Bauch herauskommt, was ich vorher hineingetan habe!"

Don Blech war mit seinen Gedanken schon wieder bei seinem Ziel. „Du kommst doch aus dem Meer," fragte er Nassi, „hast du etwas gesehen?"

„Ja, so eine Art dunklen Zeigefinger ..."

„Du meinst doch nicht etwa einen Zuckerhut?" frotzelte sie Tura.

„Kann auch sein! - Jedenfalls ungefähr dort, wo die Sonne jetzt untergeht. Es könnte ein Felsen gewesen sein. . ."

„Das ist es!" rief Don Blech. „Ich habe so eine Ahnung: ein Felsen im Meer - ja! Aber wie komme ich dahin?"

Nassi bemerkte seine Verzweiflung. Sie war gerührt. Sie schaute ihn sich genau an, wie groß er war, was er wohl wog . . . und dann sagte sie: „Ich trage dich hin - wie ein Wickelkind!"

„Danke!" rief Don Blech. Und der Hadnik fragte: „Darf ich mitkommen? Ich muß mich nur manchmal zwischen dem Ausatmen und Luftholen auf Nassis Kopf setzen dürfen. Dann kann ich über das Meer fliepfen, ohne naß zu werden."

„Und ich? Soll ich etwa hierbleiben, allein?" fragte Schmuser.
„Du wirst es müssen", antwortete Don Blech und kraulte ihn. Denn Nassi weigerte sich energisch, auch den Stier übers Meer zu tragen. „Ich bin doch kein Lastschiff!" meinte sie.
Die Dämmerung brach herein. Schon blinkte der erste Stern auf. Gerne hätte Don Blech Tura gebeten, zum ‚Zeigefinger im Meer' – wie Nassi ihn genannt hatte – hinüberzufliegen und Donito zu suchen, zu sehen, wie es ihm ging, ob er gesund war, lebte ... aber nun wurde es zu dunkel.
Da sammelten Don Blech und der Hadnik Reisig und entzündeten ein Feuer. In seinem warmen Licht legten sie sich nieder. Don Blech wollte früh schlafen, um morgen frisch zu sein. Der Tag würde anstrengend werden.
Noch lange lag er wach. Tura hockte über ihm auf einem Ast und starrte in die Glut, die an den glutroten Vogel erinnerte. Er starrte so lange, bis ihm die Augen zufielen. Doch wußte er nicht, ob er schlief oder noch wachte.
Einmal schreckte er auf und sprach Don Blech schlaftrunken an: „Es gibt ein Vogelmärchen ..."
„Ach wirklich?"
„Es gibt viele Vogelmärchen, aber dieses fiel mir gerade ein. Oder habe ich es geträumt? – Nun, wie auch immer – es stammt aus der Südsee, aus den feuchten, heißen Wäldern..."
„Erzähle!" bat Don Blech.

„Es ist einfach – es ähnelt dem Dornröschen: Ein Paradiesvogelkönig und eine Paradiesvogelkönigin bekamen eine Tochter. Die war gerade aus dem Ei geschlüpft. Darüber freuten sich der König und die Königin sehr. Sie luden alle Vogelgeister und Vogeldämonen zu einem Fest ein – nur einen Dämon nicht, weil sie sich vor ihm fürchteten, denn dieser Vogeldämon galt als grausam und räuberisch. – Nun, er erfuhr von der Geburt der Paradiesvogelprinzessin, von dem Fest und daß er nicht geladen worden war. Er war böse darüber. Und er verzauberte die Kleine in einen grimmigen Raubvogel. Sie sollte ihr Leben lang ein Raubvogel bleiben. Aber die andern Dämonen verwandelte den Fluch: wenn die verzauberte Paradiesvogelprinzessin einen Vater fände, der so furchtlos wäre, daß er für sein Kind sein Leben wagte, dann sollte sie entzaubert werden und wieder ein herrlicher Paradiesvogel sein. Er muß mit dem Raubvogel kämpfen und ihm sein räuberisches Gefieder abziehen ..."
Don Blech gähnte. „Sehr seltsam sind diese Märchen manchmal. Ich werde es lesen, wenn ich einmal Zeit habe." Die Geschichte hatte ihn müde gemacht. Er schlief ein.

Klettertour

Am nächsten Tag, in aller Morgenfrühe, als die Tautropfen im ersten Sonnenstrahl aufblitzten, flog Tura

zur Felsnadel. Er umflatterte sie, er schaute in die Spalten und kleinen Höhlen. Er streifte über den Horst. Seine ganze Sorge war, daß der glutrote Vogel ihn sehen, angreifen und töten könnte.

Aber der glutrote Vogel hockte in seinem Geäst und tat so, als ob er schliefe.

Tura fand die Gurkonier-Kinder in dem Pferch hinter der Mauer. Er strich über ihre Köpfchen hinweg – sie achteten nicht auf den kleinen Vogel. Sie schwatzten nur vom goldenen Knaben, wie sie Donito nannten.

Gleich darauf fand Tura Donito allein auf dem Turm. Der Bub hatte seine goldene Rüstung ausgezogen und sich in sein Hemd gewickelt. So schlief er, den Kopf mit den blonden Haaren in die Arme gebettet.

Tura weckte ihn, indem er seinen kleinen Schnabel an Donitos Nase rieb. „Wach auf! Dein Vater wird bald kommen und dich retten!"

Donito blinzelte. Dann lachte er und streichelte Tura. „Das ist gut", murmelte er, „ich habe nämlich großen Hunger. Gestern habe ich den ganzen Tag nur eine Gurke bekommen, die mir der glutrote Vogel brachte. Und gerade Gurken esse ich doch gar nicht gern. Gottlob war sie saftig – denn Durst hatte ich auch! Es war sehr heiß, den ganzen Tag ohne Schatten – deshalb zog ich die Rüstung aus ..."

„Aber fürchtest du dich denn nicht vor dem Vogel?"

„Der Vogel tut uns nichts, weder den Gurkonier-Kindern noch mir. Aber er läßt uns auch nicht frei – was er wohl vorhat?"

„Nun, wir werden es erfahren, wenn dein Vater hier ist!" antwortete Tura. Und dann verließ er Donito, um Don Blech zu berichten. Er flog nur noch hinab, zum Fuß des Felsens, wo er eine kleine Bucht mit steinigem Strand fand. Hier konnte Don Blech an Land gehen. Die Steine waren so zerklüftet, als ob sich überall Höhlen öffneten.
Don Blech hatte Schmuser, den Stier, auf dem Festland zurückgelassen. Angetan mit der goldenen Rüstung, mit Schild und Schwert und dem Helm, der einem

Marmeladeneimer ähnelte - so gewappnet lag er ganz friedlich in Nassis Armen, die ihn schwimmend über die Meereswellen trug. Nassi dichtete ein Lied und machte auch eine Melodie dazu:
„Die Seejungfrau trägt den Rittersmann,
Weil der Rittersmann nicht schwimmen kann!"
trällerte sie. Und der Hadnik summte es ganz leise mit, so leise, wie er summen konnte, ohne zu viel auszuatmen, denn die meiste Luft brauchte er ja zum fliepfen. Er mußte immer so lange in der Höhe bleiben, bis Nassi ein wenig weitergeschwommen war. Dann benutzte er ihren strohigen Scheitel zum Ausruhen. Auch Tura ruhte sich dort zeitweise aus - und so wechselten sie sich ab. Es ging auf Nassis Kopf ungefähr so zu wie heute auf einem Flughafen, wo eine Maschine der anderen die Piste freimachen muß. Don Blech schwitzte vor Erregung. Gerne hätte er noch ein wenig geschlummert: am frühen Morgen war er immer am müdesten. Doch gerieten seine Füße ins kalte Wasser, dann schreckte er auf. Und die Sonne blendete ihn. Als Nassi die Felsennadel erreichte, leitete Tura sie in die Bucht.
Bedenklich prüfte Don Blech die Höhe: wie sollte er diese Steilwand erklimmen?
Nassi aber war von solchen Erwägungen unbelastet; sie fantasierte, wie sie den Vogel packen und zerreißen würde, wenn sie ihn zu fassen kriegte. „Ha, und dann müßte er zur Strafe dreihundertneunundneunzig Eimer Melonensirup essen, bis er innerlich ganz verklebt ist!"

„Ja, aber du kommst niemals in den Vogelhorst, denn du kannst nicht fliegen, nicht klettern, und fliepfen kannst du erst recht nicht. Denn leider hast du schon mehr als dreiunddreißig Eimer Honigbonbons, Sirup, Kaugummis und Miesmuscheln gegessen. Deshalb bist du zu fett!"
Nassi machte nur „Bäh!" Sie hatte eine belegte Zunge.
Don Blech rieb sich die Nase. Er überlegte: „Klettern muß ich - anders komme ich nicht hinauf. Die Rüstung anbehalten muß ich - sonst verwundet mich der Vogel, ehe ich oben bin. Aber die Blechbüchsenrüstung ist die allerunbequemste Bergsteigerkleidung - zu allem Übel war Bergsteigen noch nie meine Leidenschaft, und meine Stärke ist es auch nicht!"
Tura schaute ratlos drein.
Der Hadnik aber lächelte. „Ich helfe dir. Gestern Nacht habe ich einige Meter vom Faden des Vertrauens abgeschnitten. Ich trage ihn in der Tasche. Er ist zwar dünn - aber so stark wie ein kräftiges Tau. Ich werde mit ihm emporfliepfen und ihn um einen Felsvorsprung wickeln. So machen es ja auch die Bergführer, hat mir der Adnik erzählt. Dann kannst du dich an dem Faden des Vertrauens emporziehen und gegen das Abstürzen sichern."
Der Vorschlag leuchtete Don Blech ein. Trotzdem war der Aufstieg dann alles andere als leicht. Don Blech ächzte, er stöhnte, immer wieder baumelte er hilflos in der Luft, umklammerte das Seil und suchte mit seinen Beinen, die unten aus der Büchse heraus-

schauten, irgendwo einen Halt an den Steinen. Fand er den, mußte er zunächst verschnaufen.
Lustig sah er aus, der goldene Käfer, wie er sich da emporquälte, emsig, gleich einer Ameise, die an einem Spinnfaden baumelt. Aber drei Stunden brauchte er, bis er die Höhe endlich erklommen hatte. Oben ließ er sich nieder, wischte sich den Schweiß von der Stirn und verschnaufte. Sehr winzig saß er da, von unten gesehen kaum größer als ein goldener Punkt auf dem grauen Gebirge.
Tura hatte den Aufstieg mit ermunternden Zurufen begleitet. Immer war er um Don Blech herumgeflogen. Jetzt kreischte er auf: „Achtung! Achtung!" und dann stob er davon.
Don Blech riß den Kopf herum. Hinter ihm stand der glutrote Vogel, stand da riesengroß und grimmig. Er schlug mit den Flügeln. Die Flügel verdeckten das Licht und warfen Schatten auf Don Blech.
Don Blech war schon auf den Beinen. Er stolperte; die Rüstung behinderte ihn. Er fiel. Der glutrote Vogel krächzte, es klang wie unwilliges Gelächter. Don Blech schaute zu ihm auf. Hoch über ihm stand der scharfe, mächtige Schnabel, bereit zuzustoßen. Die Krallen an den Füßen waren wie Haken, die Brust blähte sich.
Donito, ach, mein Donito ...dachte Don Blech.
Aber nichts geschah. Der Vogel wartete. Da raffte sich Don Blech auf. Er packte sein Schwert: „Gib alle Kinder frei!" rief er. Es donnerte drohend aus dem Helm hervor.

Der glutrote Vogel schien zu glühen. Er höhnte: „Du mußt mit mir kämpfen. Wenn du mich besiegst, kannst du mit ihnen fortziehen!"
Der Hadnik suchte hinter einem Felsbrocken Zuflucht. Er lugte um die Kante. Er feuerte Don Blech an: „Zeig ihm, wer der Stärkere ist. . ."
Don Blech antwortete: „Ich will nicht der Stärkere sein, ich will nicht siegen, ich will nur die Kinder haben ..." Er wandte sich an den Vogel: „Warum hast du sie geraubt und die Eltern verhöhnt?"
„Kämpfe, Feigling!" kreischte sein Gegner, ohne auf die Frage einzugehen.
Noch einmal wollte Don Blech wissen, warum. „Die Erde hat Platz für uns beide!"
„Zieh blank!"
Tura rief: „Donito verdurstet ..."
Da hob Don Blech sein Schwert. Kühn funkelte die Schneide in der Sonne. Er hob den Schild.
Sein Feind wartete, er tat nichts. Doch plötzlich schwang er sich in die Luft, packte den Hadnik hinter dem Stein, legte ihn vor Don Blech auf den Boden, setzte sich auf ihn, verkrallte sich in seinem Hemd und schrie: „Greif an - oder ich töte ihn!"

Entzauberung

Winzig klein lag der arme Hadnik da unter dem riesigen Vogel, dessen Federn sich sträubten und ihn kitzelten.

Umsonst versuchte er die Luft anzuhalten. Wie festgenagelt blieb er am Boden. Sein Kopf wurde zwar so rot wie das Gefieder des glutroten Vogels – aber das war auch alles. Nur: „Hilfe! Hilfe!" vermochte er noch zu gurgeln.

Da machte Don Blech einen Ausfall, stellte sein rechtes Bein vor, hieb mit dem Schwert nach dem Raubtier – der glutrote Vogel stob auf – da flutschte der Hadnik unter ihm hervor wie ein Luftballon aus dem Wasser.

In seinem Verlies hörte Junker Hohlkopf das Kampfgetümmel, das wütende Kreischen, Don Blechs Keuchen, das Klirren des Metalls, den Aufprall, wenn jedesmal Körper auf Körper knallte.

Er hörte die anfeuernden Rufe des Hadnik, der sich weit abseits vom Kampfplatz in Sicherheit gebracht hatte.

Er hörte die Schritte, Sprünge und die Pausen, wenn die Gegner sich mit den Augen maßen.

Und in seinem dunklen Verließ begeisterte er sich an dem Kampf. Er fuchtelte mit den Armen, er ahmte Don Blechs Schwerthiebe nach, er ermunterte sich selbst und geriet in Feuer. „Oho!" schrie er, „dir werde ich's zeigen . . ."

Er vergaß alles andere, der Ritter ohne Pferd.

Tura verfolgte den Kampf vom Turm aus. Er war dorthin geflogen, er saß neben Donito – aber immer wieder verschwanden die Kämpfer hinter einem Felsvorsprung, hinter einer Mauer.

Don Blech hatte kein leichtes Spiel. Der Vogel war

ihm überlegen. Nur die runde Rüstung schützte ihn vor dem Zerfetztwerden.
Da - als der Vogel einem Schwertschlag auswich, rückwärts sprang, prallte er gegen einen Stein. Benommen schüttelte er das Haupt. Don Blech wollte ihn packen, doch der glutrote Vogel war wieder über ihm, warf ihn um, Don Blech wurde an den Abgrund gerollt, schon war sein Kopf über der schwindelnden Tiefe ... dann seine Schultern ... es war aus!
Weit unten sah er die Wellen schäumen, hörte sie donnern, sein letzter Gedanke war: Donito - gerade da spürte er einen kräftigen Druck gegen den Rücken: der Hadnik war in der Sekunde der höchsten Not aufgefliepft, unter ihn geschlüpft und stieß ... stieß .. stieß.
Das genügte. Don Blech bekam Boden unter die Füße. Er stand. Und als habe es nur der schrecklichen Gefahr bedurft, ihn vollends wachzurütteln, ging er nun aufs Ganze, warf den Vogel mit einem Hieb der flachen Schwertseite nieder, war bald selbst über ihm, die Spitze des Stahls an der Vogelkehle.
„Gib die Kinder frei - dann kannst du unbehelligt weiterleben!" rief Don Blech.
„Niemals - es sei denn, du tötest mich!"
„Du bist schon besiegt!"
„Erst wenn du mich getötet hast!"
„Ich schenke dir dein Leben, unter einer Bedingung ..."
„Stoß zu!"
„Ich will nicht!"

„Stoß zu! Höre: erst dann werden die Kinder frei sein, wenn du mir den Balg mit den Federn abgezogen hast. Vergiß das nicht, du mußt es tun!"
Don Blech spürte ein leichtes Gewicht auf der Schulter. Tura flüsterte ihm etwas zu. Don Blech verstand nicht gleich, Tura sagte es lauter und eindringlicher: „Ich glaube, es ist der Paradiesvogel aus dem Märchen, du weißt schon, der, der von dem Dämon verzaubert wurde!"
„Wie kann ich einen armen Verzauberten töten? fragte Don Blech. Doch da bewegte der Vogel den Kopf, als wollte er nach Tura hacken. Nun - ohne es eigentlich zu wollen - stieß Don Blech zu. Blut sprang aus der Vogelkehle. „Endlich . . .", seufzte dieser, legte den Kopf zur Seite und starb.
Don Blech stand still und betrübt da. Er setzte den Helm ab. Er wischte sich die Augen. Was entfernte er da? Schweiß oder Tränen? „Ich tat' s nicht gerne", murmelte er.
„Zieh ihm den Balg ab!" forderte Tura.
Don Blech zögerte. Er schaute bedrückt auf den mächtigen und immer noch prächtigen Körper, der entseelt vor ihm lag.
„Zieh den Balg ab!" rief Tura ein weiteres Mal. Etwas Drängendes, Ungeduldiges war in seiner Stimme.
Don Blech machte sich unwillig ans Werk. Mit sicheren Schnitten trennte er die Haut des Vogels über der Brust auf und zog sie ihm ab.
Da verschwanden plötzlich die glutroten Federn. Da verschwand der mächtige, blutige Körper, er

schrumpfte in Sekundenschnelle zusammen. Und an seiner Stelle erschien - wie hergezaubert - ein lebendiger, herrlicher Paradiesvogel. Sein Gefieder hing in weichen, breiten Schleppen herab. Andere, kürzere Federn glichen dem herrlichsten Samt. Sein Hals war von einem prachtvollen Kragen umgeben. Und sein Schwanz funkelte wie ein Feuerwerk.
Don Blech glaubte zu träumen.
„Ich danke dir!" jubelte der Paradiesvogel - „und ich verlasse dich. Allzulange wartet mein Vater schon! Besuche uns auf meiner Insel - auf der Insel der Vögel und Schmetterlinge!"
Der Vogel spreizte seine bezaubernden Schwingen. Dann stieg er auf und verschwand im Glanz der Sonne. Don Blech blickte ihm lange nach. „Wie wunderschön - wie schön und wie seltsam!" murmelte er. „Ach, und er lud mich auf die Schmetterlingsinsel ein! Aber zuerst möchte ich nach Hause."
Nichts in dem Vogelhorst deutete noch auf seinen riesigen Bewohner hin. Seine Federn waren verschwunden, sogar sein Nest war nicht mehr zu sehen. Noch einmal ermahnte Tura Don Blech: „Befreie die Gurkonier-Kinder, befreie Donito, damit wir diesen Ort verlassen können."
„Wie recht du hast!" Don Blech hastete, so schnell es die Rüstung zuließ, zum Turm. Er winkte empor. Donito beugte sich über den Rand und grüßte hinab. „Komm!" rief Don Blech.
„Wie denn?" antwortete Donito. „Wenn es eine Treppe gäbe, wäre ich schon längst unten."

„Oh - der Vogel hätte dich vor seiner Verwandlung noch herabtragen müssen - was machen wir jetzt?" Don Blech war ratlos.

Vergeßlichkeit

Sie überlegten hin, sie überlegten her. Weder konnte Don Blech den Turm besteigen, noch kam Donito hinab. Auch war Donito erschöpft - einen ganzen Tag lang hatte er in der Sonne dort oben verbracht, hatte geschwitzt, gehungert und gedurstet - und in der vorhergehenden Nacht sogar gefroren.
Auch Tura wußte keinen Rat. Er selbst konnte Donito nicht tragen, wie es der glutrote Vogel vermocht hätte.
Doch der Hadnik trippelte von einem Bein auf das andere. Schweißtropfen traten auf seine runde Stirn. Was er erwog, war heldenhaft - und gefährlich. Nur stockend kam es über seine Lippen: „Ich will etwas versuchen. Gelingt es mir, auf den Turm zu fliepfen, nehme ich Donito in den Arm. Dann atme ich wieder ein und springe: - wenn wir Glück haben, kommen wir unten an, wie mit einem Fallschirm ..."
„Doch wohl eher wie ein Fesselballon, der ein Loch hat!" meinte Tura.
Don Blech umarmte den Hadnik. „Du bist ein Prachtkerl."
Donito sammelte seine Siebensachen, zog sich die Rüstung an, nahm die Trompete in die Hand und machte sich bereit.

Sanft wie eine Wolke schwebte der Hadnik zu ihm empor. Wie gut, daß er an der Krummen Gurke schon eine Turmbesteigung geübt hatte!
Später sanken sie, eng umschlungen, hinab - zu rasch zwar, so daß sie unsanft auf den Boden plumpsten. Aber es gelang. Da war niemand glücklicher als Don Blech.

Donito hielt sich nicht lange mit der Begrüßung auf. Er rannte zum großen Tor, hinter dem die Gurkonier-Kinder die Befreiung erwarteten. Sehr wunderbar war, daß es sich jetzt wie von selbst öffnete.
Die Buben und Mädchen jauchzten – es hallte weit übers Meer. Am anderen Ufer spitzte der Stier Schmuser die Ohren, und in der Bucht patschte Nassi die Hände zusammen.
Noch jemand hörte den Jubel: Paprikel, der Scharfsinnige, im Segelschiff. Da brachte er König Wididniks Drachen auf Kurs.
Eine neue Schwierigkeit tat sich nun vor Don Blech und den Kindern auf: wie sollten sie von der Felsnadel hinabkommen? Aber auch hier löste sich alles auf wunderbare Weise. Donito entdeckte neben dem Tor einen Treppenschacht ins Innere des Gesteins. Zwar kreuz und quer und immer im Dunkeln, doch sicher und begehbar, führten da weit über tausend Stufen genau in die kleine Bucht, zu Nassi.
Erschöpft kamen alle unten an.
Nassi maulte: „Wozu bin ich wohl mitgereist, wenn ich beim Retten nur warten muß. In den Wolken kann ich nicht retten . . .das nächste Mal soll bitte ein Unterwassertier besiegt werden müssen . . .”
„Ohne dich wäre ich nie bis zu diesem Felsen gelangt”, tröstete sie Don Blech.
„Ja, und ohne mich kommst du auch nicht wieder an Land . . . aber ob ich gleichzeitig noch den Hadnik, Donito und eins, zwei, acht, drei, zehn, vier, sechs, neun Kinder tragen kann?”

Don Blech seufzte: Er brauchte ein Schiff! Es gelang ihm einfach nicht, vorher an alles zu denken. Gut, daß er kein General mehr war, die Verantwortung war zu groß.

Doch über ihnen waltete ein gutes Geschick. Übers Meer leuchtete das geblähte, bunte Segel von König Wididniks Drachen herüber. Donito setzte die goldene Trompete an die Lippen . . .

Nun bleibt nicht mehr viel zu berichten:

Am Abend segelte das stolze Schiff schwer beladen heimwärts. In seinem Rumpf saßen die Gurkonier-Kinder. Sie kraulten den Stier Schmuser unter der Schnauze, oder wo er es sonst gern hatte. Man hatte nicht vergessen ihn abzuholen. Paprikel stand am Steuerruder, in der einen Hand das aufgeschlagene Lehrbuch der Segelkunst, das er selbst verfaßt hatte. Er wollte nur ja nichts falsch machen. Ach, was für ein erhebendes Gefühl war es doch, als Held und Sieger heimzukehren!

Es wurde dann auch ein sehr feierlicher Einzug in Gurkonia. Langsam segelten sie in den Hafen. Die Kürbisglocke in der Krummen Gurke läutete mit hellem, frohem Klang, König Gurkigel der Rankige stand ganz vorne auf der Mole –: ein Herrscher, der seine siegreiche Flotte zurückerwartet.

Hinter ihm drängten sich die Gurkonier, zuvorderst die Eltern der geretteten Kinder. Die winkten einander begeistert zu. Manche hatten Gurkensafttränen in den Augen.

„Hoch König Blech", tönte es laut. „Hoch Paprikel!

Hoch König Gurkigel!" Man war großzügig - mochte der Rankige Herrscher ruhig sein Hoch abbekommen, wenn er es auch nicht verdient hatte.
„Ich lege meine Krone nieder, meine Aufgabe ist erfüllt", sagte Don Blech.
König Gurkigel drückte ihm darauf erfreut die Hand. „Ich hatte es nicht anders erwartet, lieber Freund", erwiderte er. Und Paprikel verbiß sich eine scharfe Bemerkung. Aber feuerrot wurde er trotzdem, bis zur Haarwurzel.
Die Kinder lagen ihren Eltern in den Armen. Schmuser freute sich, Nassi dachte darüber nach, wieviel Melonensirup sie wohl vertrüge, Donito hob die Trompete, um in den herrlich blauen Himmel über der Stadt Gurkonia ein Freudenlied zu schmettern . . . Da krächzte Tura: „Und wo ist Junker Hohlkopf?"
O Himmel! Don Blech faßte sich ein letztes Mal an den Kopf. Er jammerte: „Vergessen! Es ist aber auch zuviel, an was ich denken muß!"
„Macht nichts!" rief Nassi. „Jetzt wird erst mal anständig gefeiert. Wir können ihn ja ein andermal abholen!"
„Ja, wenn der verzauberte Felsen später noch da ist - und nicht im Meer versank", grübelte Tura.
„Auf jeden Fall braucht ihr uns wohl dazu nicht?" fragte König Gurkigel der Rankige. Paprikel schämte sich ob dieser Feigheit. Diesmal wurde er zur Abwechslung einmal bleich.
Nassi aber wandte sich an den König der Gurkonier: „Ich habe jetzt einen Löffel Sirup verdient - oder auch

einen, zwei, acht, drei, zehn, vier, sechs, neunzig, hundert!"
„Nicht einen!" schrie der König, „Denn er bekommt dir nicht!"
Glücklicherweise fand Donito noch einen Kaugummi, um ihr das Maul zu stopfen. Sonst hätte es womöglich noch Tränen gegeben.

ENDE

Ebenfalls von Max Kruse im Hoch-Verlag erschienen:

Don Blech und der goldene Junker

Manchmal werden die Dinge lebendig und folgen ihren eigenen Gesetzen. General Blech widerfährt dies zu seiner Überraschung mit dem Reiterstandbild, das er sich aus seiner Paradeuniform zusammenbastelte. Nun muß er den kampfeslüsternen „goldenen Junker“ einzufangen versuchen. Das ist aber gar nicht so einfach, denn dieser hat sich bereits zum König über die drolligen Didniks gemacht, und es gelingt am Schluß nur dank einer List.

160 Seiten - 37 Zeichnungen von H. Lemke - Linson

Der Löwe ist los

Wenn ein Löwe aus dem Zoo ausbricht, ist allerhand los. Hier wird von Löwes ungewöhnlichen Abenteuern berichtet.

Kommt ein Löwe geflogen

Löwe stellt mit dem Sultan einen schlimmen Gauner, der Totokatapis Kaufhaus zu Geld machen will und sogar des guten Doktors Flugzeug in die Luft sprengt.

Gut gebrüllt, Löwe

Löwe, der Sultan und das Kamel werden auf dem fliegenden Teppich nach Nekaragien geführt. Sie wollen Prinz Panja aus großer Gefahr retten.

Löwe gut — alles gut

Seeräuber, die Teufel der Weltmeere, lassen Löwe und Sultan nicht zur Ruhe kommen. Unerwartete Hilfe erhalten Löwe, Sultan und Ka vom geisterhaften König Owigern.

Der dicke Löwe kommt zuletzt

Diesmal gilt es, Miriam, die Tochter des Emirs von Emirstan, zu befreien, die sich zusammen mit anderen jungen Leuten auf der „Glücklichen Insel“ in der Gewalt eines düsteren Scheichs befindet. Am Ende treffen sich alle Freunde aus den vorhergegangenen Bänden zum festlichen Finale bei der Hochzeit des Sultans mit Miriam.

Jeder Band 160 Seiten - Zeichnungen von H. Lemke - Linson

Zwilling Luftballon

Wenn Zwillinge plötzlich feststellen, daß sie fliegen können und dabei unsichtbar sind, dann erleben sie eine Fülle komischer Streiche und Überraschungen, von denen Kinder im allgemeinen nur träumen!

96 Seiten - 12 Zeichnungen von Franz Josef Tripp - Linson